I0815661

MARCO AURELIO

PARA LA VIDA DIARIA

PAIDÓS®

Desarrollo editorial: Anónima Content Studio / María Elena Pease Dreibelbis (edición), Thais Luksic (redacción)
Cuidado editorial: Equipo Editorial Anónima Content Studio
Asesoría especializada: María Gracia Ríos Taboada
Diseño de interiores, portada y fotoarte: Lyda Sophia Naussán
Diagramación: Nicolle Cuéllar Betancourt
Foto interior: Adam Eastland Rome / Alamy Stock Photo

Bajo el sello editorial PAIDÓS M.R.
Avenida Presidente Masarik núm. 111,
Piso 2, Polanco V Sección, Miguel Hidalgo
C.P. 11560, Ciudad de México
www.planetadelibros.com.mx
www.paidos.com.mx

Primera edición en formato epub: enero de 2025
ISBN: 978-607-569-899-1

Primera edición impresa en México: enero de 2025
Segunda reimpresión en México: mayo de 2025
ISBN: 978-607-569-874-8

Impreso en los talleres de Impregráfica Digital, S.A. de C.V.
Av. Coyoacán 100-D, Valle Norte, Benito Juárez
Ciudad de México, C.P. 03103
Impreso y hecho en México – *Printed and made in Mexico*

«FUE EL ÚNICO EMPERADOR QUE DIO CREDIBILIDAD A SU FILOSOFÍA no por sus palabras ni por sus conocimientos doctrinales sino por la dignidad de su comportamiento y por su prudente forma de vivir».

Herodiano, historiador romano

CONTENIDO

INTRODUCCIÓN

El estoicismo sigue siendo una de las tradiciones filosóficas más influyentes hoy en día, que guía a millones de personas en su vida diaria. Hace casi dos milenios, Marco Aurelio, el emperador filósofo de Roma, personificó esta línea de pensamiento, no solo como estudiante, sino como practicante en su vida cotidiana. Sigue siendo el ejemplo por excelencia de lo que significa estudiar el estoicismo además de vivirlo.

Marco Aurelio no fue un filósofo en el sentido académico moderno. No escribió tratados sistemáticos ni dictó clases en universidades. En cambio, se aproximaba a la filosofía como un eterno aprendiz, buscando respuestas a las preguntas que lo inquietaban; algunas que, aunque fueron formuladas hace siglos, siguen resonando hoy: ¿qué debemos valorar en la vida? ¿Existe el destino o todo es fruto del caos? ¿Qué es la maldad? Y, sobre todo, ¿qué significa ser una buena persona y cómo podemos lograrlo?

Sus reflexiones sobre estos temas se encuentran en *Meditaciones*, el diario filosófico que escribió a lo largo de su vida. Este texto, el único que conservamos de él, contiene sus interpretaciones personales de las enseñanzas estoicas. Más allá de ser un testimonio de su capacidad intelectual, es el retrato de un hombre preocupado por aprender a vivir bien.

A pesar de su posición como emperador de Roma, con un poder inimaginable hoy en día, Marco Aurelio nunca dejó de verse como un ser humano vulnerable, pequeño en la escala del vasto universo. Su filosofía es, en muchas formas, un intento de reconciliar ambos aspectos. En medio de las turbulencias de su vida buscaba esa calma interior que lo mantuviera firme ante las tragedias y los desafíos. Y la encontró en el estoicismo, una filosofía que convierte la razón, la autonomía y la mejora personal en un refugio donde cada individuo es dueño de su destino, capaz de enfrentar cualquier adversidad.

Marco Aurelio dedicó su vida a entender una lección crucial: distinguir entre lo que podemos controlar y lo que simplemente nos supera. Esta distinción fue el pilar sobre el cual construyó su visión de la libertad, aquella que no reside en la flexibilidad, sino en la solidez de la autosuficiencia. A través de esa sabiduría práctica edificó una muralla interior que protege contra la pena, la duda y el miedo, dándonos el vigor para afrontar incluso los momentos más oscuros.

El legado de Marco Aurelio sigue vigente y ofrece enseñanzas para enfrentar la incertidumbre y el estrés en la vida contemporánea. No son simples reflexiones motivacionales, sino un conjunto de enseñanzas enfocadas en la mejora continua, no como un objetivo de corto plazo, sino como el curso natural de la vida humana. Parte de la premisa de que la vida está inherentemente orientada hacia el bien —como una planta busca el sol—, sugiere que debemos eliminar los obstáculos que impiden nuestro crecimiento. Entre sus lecciones destacan el rechazo de los bienes externos, como el dinero, la fama o el poder; el servicio a la comunidad; y la convicción de que cada momento es valioso, instándonos a cambiar y mejorar constantemente.

El personaje de Marco Aurelio nos ofrece un vistazo único a lo que significa vivir todos los días comprometidos con aprovechar cada momento, y a esforzarnos siempre por ser mejores personas. La universalidad de las preguntas que se plantea siguen resonando hoy en el siglo XXI por su enfoque práctico y están orientadas hacia el bienestar mental y emocional. Las lecciones para la vida diaria recopiladas en este libro giran en torno a cuestiones que el emperador de Roma consideraba de la más alta importancia para hacer que nuestro tiempo en la Tierra realmente valga la pena.

MARCO AURELIO

ROMA, 121-VINDOBONA, ACTUAL VIENA, 180 EMPERADOR ROMANO Y ÚLTIMO DE LOS CINCO EMPERADORES BUENOS: HOY ES RECONOCIDO POR SU INFLUENCIA EN LA FILOSOFÍA ESTOICA.

BIOGRAFÍA

Marco Aurelio Antonino, el emperador filósofo, nació en Roma el 26 de abril del año 121. Provenía de una familia próspera, tanto por el lado paterno como el materno, que había acumulado riqueza gracias a la producción de ladrillos. Con el auge de la construcción que se vivía en Roma desde el reinado del emperador Nerón, su familia gozaba de una posición económica envidiable y formaba parte de la red de influencia y poder del imperio.

A los 3 años, Marco Aurelio perdió a su padre, y fue su abuelo, Marco Annio Vero, quien asumió la responsabilidad de su crianza y educación. En su diario filosófico, *Meditaciones*, le agradeció por haberle enseñado a cultivar un carácter sereno y bondadoso, virtudes que serían los pilares de su vida y gobierno.

Su talento intelectual destacó desde niño, captó la atención del emperador Adriano, quien se aseguró de que recibiera una educación acorde con su futuro. Desde los 5 años estudió las enseñanzas religiosas, reservadas para la élite romana. Aunque estos favores no eran poco comunes en la época, sí era inusual que alguien tan joven como Marco Aurelio disfrutara de tal privilegio.

El camino de su educación continuó en ascenso y rigor. Desde los 7 años su formación abarcaba geometría, drama, música, literatura, retórica y filosofía. Su familia le procuró los mejores tutores privados, como era costumbre en Roma, incluyendo a un esclavo griego, cuya cultura y educación eran muy valoradas en la época. De sus profesores aprendió a ser austero y parco, y a rechazar los signos exteriores de riqueza. Marco Aurelio pronto adoptó este estilo de vida —que lo acompañó el resto de su vida— lejos de los lujos que su estatus social le brindaba. Prefería dormir sobre una simple tarima cubierta con una piel de animal, en lugar de hacerlo en el confort de su propia cama.

A los 15 años, la edad en que los jóvenes romanos alcanzaban la mayoría de edad, él ya era un modelo a seguir. Había demostrado su capacidad en varias ocasiones, asumiendo tareas administrativas asignadas por el emperador Adriano, y se había ganado la estima de la corte. Por ello, cuando en el año 138 murió Lucio Elio César, el heredero designado por Adriano, el emperador buscó asegurar que Marco Aurelio se mantuviera en la línea de sucesión. Para ello, adoptó a Antonino Pío, el tío de Marco Aurelio, y le ordenó que adoptara a su sobrino y a Lucio Vero, el hijo de Lucio Elio César.

Aunque este tipo de adopciones políticas hoy nos parezcan complejas o ajenas, en la antigua Roma eran una práctica común. Permitía a las familias sin descendencia asegurar un heredero y su continuidad en el poder. Asimismo, para las familias con varios hijos ofrecía una forma de aliviar el alto costo que significaba criar y educar un heredero. Antonino Pío resultaba un candidato ideal para la sucesión: no tenía enemigos ni ambiciones de poder, carecía de herederos varones o hermanos y, para los estándares romanos, a sus 51 años era considerado un hombre viejo. Adriano lo veía como la opción perfecta para gobernar hasta que Marco Aurelio lograra la madurez necesaria.

Sin embargo, al futuro emperador no le gustó mucho la noticia de la adopción. Confesó en privado, a sus amigos cercanos, que la proclamación marcaba el fin de su inocencia de la infancia, lo cual lo obligaba a enfrentarse cara a cara con la maldad de la humanidad, la crueldad del mundo adulto. El momento que tanto temía se acercó incluso más rápido de lo esperado cuando el 10 de julio de 138, falleció Adriano, y Antonino Pío asumió el rol de emperador. Al año siguiente, Marco Aurelio, con 18 años, fue nombrado *César*, título dado a los emperadores y a sus herederos directos.

A partir de ese momento, su vida se transformó por completo. Poco después de su nombramiento, empezó a estudiar retórica bajo la guía de un nuevo tutor, Fronto. Con este maestro, que se convirtió en uno de sus amigos más cercanos, mantuvo correspondencia durante casi 30 años. Este intercambio epistolar forma parte de las *Meditaciones*, la única fuente primaria que se tiene sobre su vida. Es gracias a este diario que hoy tenemos alguna idea de su carácter antes de que se convirtiera en emperador.

Si bien de niño fue precoz y dedicado a sus estudios, durante su juventud disfrutaba de su libertad, e incluso parece haber tenido un carácter irascible. Una anécdota que le cuenta a su tutor en una carta lo demuestra: mientras cabalgaba con su guardaespaldas por una de las carreteras de Roma, se encontró con dos pastores cuyo rebaño de ovejas bloqueaba el camino. Los pastores temieron un asalto y lo comentaron. Marco Aurelio se enfureció y embistió con su caballo al rebaño, asustando a las ovejas y haciéndolas huir despavoridas. Uno de los pastores, indignado por el caos generado, le lanzó su báculo. El joven Marco Aurelio comentó con desdén: «Así pues, el que temía perder sus ovejas terminó perdiendo su báculo».

No hay manera de saber si este tipo de comportamientos eran frecuentes en él, pero lo cierto es que Marco Aurelio tuvo suficiente tiempo para aprender a controlar su ira antes de asumir el poder, ya que —contra todo pronóstico— Antonino reinó durante 23 años. Durante este tiempo, el joven cumplió la función de un cónsul privilegiado. Aunque no tenía un gabinete personal ni recibió nunca el título de *imperator*, que simboliza el mando militar supremo, participaba activamente en la administración del imperio. En el año 145, a los 24 años, se casó con Faustina, la hija de Antonino. Sin embargo, su vida familiar estuvo marcada por la tragedia: de los 13 hijos que tuvo la pareja, solo seis sobrevivieron. Entre ellos, Cómodo, quien eventualmente se convertiría en emperador de Roma tras la muerte de su padre.

Durante sus últimos años de vida, Antonino delegó cada vez mayores responsabilidades en Marco Aurelio, quien tenía 39 años cuando el emperador falleció y estaba preparado para gobernar. Inmediatamente después de asumir el rol que le correspondía por sucesión, Marco Aurelio le confirió los mismos poderes de emperador romano a Lucio Vero, su hermano adoptivo.

Marco Aurelio y Lucio Vero eran muy diferentes. El primero era austero, serio e intelectual; mientras que el segundo era hedonista. Lucio Vero se rodeaba de artistas y músicos y parecía mucho más interesado en disfrutar de las ventajas que le confería su título que en asumir las responsabilidades de la administración del imperio.

Estas diferencias entre ambos emperadores se debían, en gran parte, a las distintas visiones que tenían sobre la vida. Marco Aurelio desde joven se había interesado mucho por la filosofía estoica. Entre los años 144 y 147, uno de sus maestros lo introdujo a los textos de Epicteto, cuyas enseñanzas sobre el servicio a la comunidad, la mejora personal y el cultivo de las virtudes morales transformaron su perspectiva influyendo de manera fundamental en el futuro emperador. Solo unos años más tarde —a los 25 años—, tras haber leído a otro filósofo estoico, Aristo, le confesó a Fronto el impacto que ejercía en su vida esta filosofía. En su carta, le expresó a su tutor que las lecturas lo habían dejado en conflicto al reconocer que titubeaba entre una gran alegría ante la claridad de lo que significa vivir bien, y una tremenda pena, pues le mostraban lo lejos que se encontraba de ser un buen hombre.

Esta constante preocupación por ser una mejor persona marcó toda su vida. Pocos emperadores estuvieron más involucrados que él en los asuntos del imperio. Tenía a su cargo las relaciones internacionales y las decisiones militares. La victoria de sus ejércitos era la suya, incluso sin haber estado presente en el campo de batalla. La justicia también estaba en su poder, supervisaba juicios y aprobaba leyes. A pesar de ser la máxima autoridad, mantenía una relación de respeto mutuo con el Senado, el cuerpo político que representaba los intereses de la élite romana. Atendía frecuentemente sus sesiones y se quedaba hasta el final. Se mantenía en constante comunicación con los senadores, incluso cuando estaba fuera de Roma.

A pesar de reinar durante la llamada *Pax Romana*, una época dorada para Roma, el tiempo de Marco Aurelio como emperador estuvo lejos de ser pacífico y estuvo marcado por una racha de catástrofes. En 161 el río Tíber, el más importante de Roma, se desbordó, destruyendo edificios, arruinando cosechas, matando animales y desatando un brote de malaria. Poco después, un terremoto sacudió la ciudad de Cícico, lo que agotó aún más los recursos del imperio. Pero el golpe más duro llegó cuando el Imperio parto, que había permanecido en paz durante cuarenta años, atacó las fronteras romanas. Esta fue la primera amenaza militar con la que Marco Aurelio tuvo que lidiar. «Paz a toda costa» había sido la política desde el reinado de Adriano, pero, con la paz quebrada de manera abrupta, decidió que su hermano, Lucio Vero, liderara las tropas en el frente.

Marco Aurelio, demostrando su carácter justo, apoyó a su hermano con los mejores soldados y con sus consejeros más experimentados. La gran victoria llegó en el 166, cuando Roma derrotó al Imperio parto. Sin embargo, los soldados trajeron consigo una epidemia de peste que pronto devastó las provincias del imperio. Al mismo tiempo, las fronteras de la región del Danubio fueron atacadas por los marcomanos y los cuados, dos pueblos germanos que habían generado conflictos durante trescientos años y representaban una amenaza permanente en la búsqueda de acceso a la red de comercio romano sin pagar impuestos. El emperador no estaba dispuesto a conceder. Esta vez, Marco Aurelio tuvo que dejar Roma para visitar el campamento militar en la ciudad de Aquilea, en un intento de levantar la moral de su ejército. Lucio lo acompañó, pero en el camino sufrió de una apoplejía y murió tres días después.

Era la primera vez que salía de la ciudad. A pesar de su falta de experiencia, pronto se mostró como un comandante muy apto. Escogió inteligentemente a su personal militar y rápido recaudó fondos para financiar la guerra. La campaña del año 170 fue difícil para el ejército romano. La región del Danubio los puso en desventaja ante la ausencia de buenos caminos y las difíciles condiciones climáticas. No lograron derrotar a los germanos.

En Roma, muchos políticos clamaban para que el emperador negociara la paz, pero Marco Aurelio se rehusó. Había puesto en marcha un plan para sembrar la duda entre los líderes de los pueblos germanos. La estrategia: «divide y vencerás». Este plan requería de tiempo para funcionar, pero finalmente rindió frutos: los cuados firmaron un tratado de paz con Roma, dejando solos a los marcomanos, y en el 171, tras una decisiva victoria romana, los marcomanos accedieron a una tregua. Un año después, Marco Aurelio invadió su territorio y se negoció la paz.

A pesar de los esfuerzos, las aguas no se mantuvieron en calma por mucho tiempo. En el 174, Marco Aurelio se vio atrapado en una guerra de dos frentes contra los cuados y los yagicios. Tal era la admiración que le tenían los soldados romanos por su valentía, resistencia y sabiduría demostradas, que lo consideraban favorecido por los dioses. Circularon historias que le atribuían poderes divinos, como la famosa leyenda que contaba que Marco Aurelio llamó un relámpago del cielo para destruir una máquina de asedio de los enemigos. En su honor, se forjaron monedas que representaban la escena.

La paz en la región del Danubio duró poco. En el 175, Avidio Casio, un general romano de la región este del Imperio, se autoproclamó emperador tras escuchar rumores falsos de la muerte de Marco Aurelio. Avidio buscaba capitalizar el sentimiento general de que Marco Aurelio había estado tan preocupado con la guerra en el Danubio que había ignorado otros aspectos de la administración del imperio. Sus ambiciones fueron rápidamente extinguidas; fue declarado enemigo público de Roma y poco después asesinado por un centurión con el que puso fin a su rebelión. Para evitar problemas en el futuro, Marco Aurelio decidió visitar la región, pero en el camino ocurrió otra desgracia: falleció Faustina, su esposa. Inmediatamente, teorías de la conspiración saltaron alrededor del hecho. Después de todo, el asesinato por razones políticas no era un acto poco común en la Roma imperial. Muy pronto empezaron a correr rumores sobre cómo Faustina había cooperado en la rebelión de Avidio Casio, y Marco Aurelio, o alguno de sus ayudantes, eran los culpables de su muerte. Sin embargo, no se han registrado pruebas concluyentes de estas acusaciones. En las *Meditaciones*, Marco Aurelio le dedica una sentida frase a Faustina, con la cual agradece a los dioses por haberle dado una mujer tan buena como esposa.

Al regresar a Roma, Marco Aurelio reabrió las escuelas filosóficas de Atenas, que habían sido cerradas décadas atrás por un ejército invasor, y les otorgó cátedras universitarias a las cuatro principales: la Academia platónica, los Peripatéticos aristotélicos, el Epicureísmo y el Estoicismo. Además, preparó a su hijo, Cómodo, para la sucesión. Lo nombró cónsul, el más joven de la historia de Roma. Sin embargo, esta decisión fue unilateral por parte de Marco Aurelio; el senado no estuvo de acuerdo. Desde pequeño, Cómodo se había mostrado innecesariamente cruel, autoritario y libertino. Marco Aurelio sabía que su hijo no era el mejor heredero, pero parecía no tener otra opción. El chico fue un emperador descuidado, corrupto y violento que llevó al Imperio romano a una de sus peores crisis políticas en décadas.

Finalmente, a principios del año 180, Marco Aurelio contrajo viruela y falleció el 17 de marzo del mismo año. Con su muerte, se apagó la *Pax Romana*, lo cual marcó el fin de una era dorada para Roma y el inicio de tiempos turbulentos bajo el gobierno de Cómodo.

01

LECCIONES

«SI ALGUIEN ME REBATE Y DA PRUEBAS DE QUE PIENSO O ACTÚO INCORRECTAMENTE, CON GUSTO CAMBIARÉ, PUES BUSCO LA VERDAD, QUE NUNCA HA PERJUDICADO A NADIE».

LA SABIDURÍA PRÁCTICA

LECCIÓN 1

Marco Aurelio es mejor conocido por su epíteto: «el emperador filósofo». Este título, que evoca grandeza como reflexión, plantea una paradoja interesante: ¿cómo pudo un hombre que gobernaba el vasto Imperio romano —con todas las responsabilidades militares, políticas y religiosas que esto conlleva— encontrar tiempo para la filosofía? Gobernar Roma no era tarea fácil, y el acto de filosofar, que implica reflexión profunda y continua, demanda tiempo para pensar, cuestionar, debatir y reconsiderar constantemente.

Aunque no dejó tratados o ensayos como otros filósofos de la antigüedad, la obra filosófica de Marco Aurelio es tan influyente precisamente porque no la concibió como un ejercicio académico. Si bien Platón y Aristóteles repercutieron en la vida práctica de su época, con la Academia y el Liceo, no se vieron en la necesidad de gobernar. En cambio, Marco Aurelio era, ante todo, un hombre de acción; sin embargo, supo encontrar en la filosofía estoica una herramienta vital para enfrentar los retos del poder imperial.

En la antigüedad, la filosofía no era simplemente un campo de estudio, sino un estilo de vida. Ser un filósofo no era una profesión ni un título académico que se obtenía tras años de formación. La verdadera filosofía, en palabras de los estoicos, debía vivirse en cada acción cotidiana. El reconocimiento como filósofo no dependía de los saberes acumulados, sino de la coherencia entre los ideales y la forma de vivir. Era un compromiso con un cierto modo de vida, un ejercicio permanente. Por ello, en la antigua Roma, tanto un senador como un esclavo podían ser considerados filósofos, ya que lo que definía esta vocación no era su ocupación, sino su forma de ser y actuar en el mundo.

Para él la escritura no solo era una forma de recordar lo aprendido, sino una herramienta de transformación.

Marco Aurelio no adoptó la filosofía como su guía por mera preferencia o inclinación personal. Para él, como para muchos pensadores antiguos, dicha disciplina era «la única manera de vivir verdaderamente», de llevar una vida plena. Era un compromiso con la razón y la búsqueda de la verdad. El estoicismo, la escuela filosófica que él escogió seguir, se distinguía por la autodisciplina, la virtud y la aceptación de las cosas tal y como son.

La decisión de Marco Aurelio de dedicarse al estoicismo no se trata de una preferencia intelectual, sino de una postura frente a la vida. Desde joven, su formación estuvo influenciada por las enseñanzas de Epicteto, uno de los filósofos estoicos más conocidos e influyentes. El futuro emperador quedó tan impresionado que decidió dedicar el resto de su vida a estudiar el estoicismo y a vivirla acorde a sus enseñanzas, cosa que no fue tarea fácil como él mismo expresó en sus *Meditaciones*. Vivir de acuerdo con esta filosofía requería una constante reflexión y esfuerzo. Como un corazón, que con su latido hace correr la sangre por todo nuestro cuerpo, el conocimiento de la teoría estoica debe, de la misma manera, correr por cada rincón de nuestra vida, informar cada

«ES PRECISO QUE SIEMPRE ME HAGA ESTA PREGUNTA: ¿PARA QUÉ ESTOY USANDO AHORA MI ALMA? [...] Y QUÉ CLASE DE ALMA POSEO AHORA, ¿LA DE UN NIÑO, UN MUCHACHO, UN PUSILÁNIME, UN DÉSPOTA, UNA BESTIA, UNA FIERA?».

una de nuestras acciones, pintar nuestra visión del mundo y afectar nuestra manera de pensar. Para el emperador, cada decisión, pequeña o grande, debía estar alineada con sus principios.

Así fue como nacieron las *Meditaciones*, el texto por el que hoy es tan conocido el emperador filósofo. A diferencia de otros textos filosóficos, las *Meditaciones* no fueron concebidas para ser publicadas ni leídas por otros. Eran notas privadas, un diario filosófico y esporádico escrito para sí mismo con el propósito de recordar sus enseñanzas estoicas. Las Meditaciones eran para el emperador tanto una muleta como un gimnasio: no solo le servían como un recordatorio, sino también como un ejercicio para fortalecer su autodisciplina y asegurarse de que la teoría filosófica no se convirtiera en conocimiento inerte.

El estoicismo, en su visión más amplia, era un sistema de pensamiento holístico que ofrecía lecciones prácticas sobre cómo vivir bien, además de su propia lógica, metafísica y un entendimiento específico sobre el orden y funcionamiento de la naturaleza y del cosmos, así como el lugar del ser humano en él. Pero era solo una de las tantas escuelas filosóficas en pugna por imponerse como la manera definitiva de vivir bien. Otras escuelas, como la Academia de Platón y los peripatéticos de Aristóteles, por no mencionar a los cínicos, los epicúreos, los escépticos y toda la serie de corrientes y grupos filosóficos, tenían sus propias concepciones de la «buena vida». Sin embargo, Marco Aurelio encontró en el estoicismo una respuesta que le permitió sobrellevar los enormes desafíos de ser emperador.

Durante su reinado, el estoicismo le fue de mucha utilidad para tomar acción ante las múltiples adversidades que le tocó enfrentar, como la peste y las guerras. Marco Aurelio hizo frente a todo con serenidad y claridad, recordándose que no podía controlar los eventos externos, solo su respuesta ante ellos.

«NO REGRESES A LA FILOSOFÍA COMO A UN MAESTRO DE ESCUELA, SINO CON LA MISMA DISPOSICIÓN QUE EL QUE PADECE UNA DOLENCIA OCULAR RECURRE A APLICARSE UNA ESPONJA O HUEVO, O COMO EL QUE SE VALE DE UN EMPLASTO O UN FOMENTO».

Él sabía que para vivir estoicamente necesitaba mantener vivas las enseñanzas de sus maestros. Consideraba que este tipo de sabiduría no es fácil de alcanzar, pues las lecciones aprendidas tienden a volverse automáticas y perder su fuerza, si no se reflexiona sobre ellas continuamente. Para él la escritura no solo era una forma de recordar lo aprendido, sino una herramienta de transformación. El acto de escribir le permitía revivir las enseñanzas y mantenerlas presentes en su vida diaria. Era un proceso reflexivo que le ayudaba a revisar sus propias decisiones bajo la lente del estoicismo.

En su diario filosófico, Marco Aurelio apuntaba las ideas sobre la inevitabilidad de la muerte, la naturaleza del bien, la poca importancia de la gloria o el legado, enseñanzas clave de la escuela estoica. De esta manera, podía recurrir a ellas en cualquier momento sin tener que volver a desempolvar los libros de teoría. Como quien se tatúa una frase en el brazo para tenerla siempre cerca, las *Meditaciones* eran su «muleta», una manera de tener a la mano las enseñanzas más importantes para llevar una buena vida estoica. Le servían de apoyo en momentos de incertidumbre, recordándole aquello que necesitaba para mantenerse firme ante la adversidad.

Pero, al mismo tiempo, eran un «gimnasio». Marco Aurelio escribía cada uno de estos pequeños recordatorios. No copiaba y pegaba las palabras de otros filósofos, aunque sí citaba a los grandes pensadores estoicos cuando era necesario. Cada frase, en su mayoría, provenía de su propia pluma y estaba expresada en sus propias palabras, porque era el acto de escribirlas lo que mantenía el conocimiento vivo y latente. Al buscar la frase perfecta para expresar una idea ya conocida, Marco Aurelio volvía a reflexionar sobre ella, a dedicarle toda su atención, a traerla a la vida una vez más. No bastaba con aprender una lección una única vez. Para prevenir la fosilización del conocimiento adquirido, había que traerlo a la mente una y otra vez. El acto de escribir y reflexionar era un ejercicio mental constante, un entrenamiento que le permitía fortalecer su autodisciplina y su capacidad de aplicar el estoicismo en cada aspecto de su vida como emperador.

Tal vez por eso, las *Meditaciones* pueden llegar a sentirse algo entrecortadas y repetitivas, pues muchas de las ideas centrales del estoicismo están plasmadas en ellas varias veces, aunque con diferentes palabras. No son un ensayo filosófico, sino la huella que dejó un hombre comprometido con la vida filosófica. Son su manera de convertir la teoría en práctica. Y es ahí donde yace su inmenso valor. Marco Aurelio no solo fue un estudiante de la teoría estoica, sino su más célebre practicante, adaptando las lecciones estoicas a los desafíos del poder imperial.

En la actualidad, la filosofía parece haberse retraído a los pasillos de las universidades y las páginas de las revistas académicas. Actualmente vemos a esta milenaria rama de la sabiduría humana como un asunto puramente teórico, o bien como el entretenimiento intelectual de unos cuantos obsesionados. Bajo esta concepción, la filosofía está bastante lejos de poder dar respuesta a las preguntas que todos enfrentamos: ¿qué es lo que importa realmente? ¿Cuál es mi rol en esta vida? ¿Cómo debo vivir?

Es por ello que las enseñanzas de Marco Aurelio nos hacen tanta falta hoy en día. El emperador filósofo es el perfecto ejemplo de cómo la filosofía estoica no tiene por qué ser un manual de juego, una colección de reglas petrificadas a las que ya nadie presta atención. Al contrario, Marco Aurelio y sus *Meditaciones* nos demuestran que una buena vida estoica es, ante todo, una vida práctica. Como él bien sabía, en algún momento hay que dejar de leer y escribir para verdaderamente empezar a aprender cómo vivir. La verdadera sabiduría no está solo en aprender de los grandes pensadores, sino en aplicar ese conocimiento en el día a día.

Por suerte, el emperador filósofo nos lega el faro perfecto a través de las notas de un hombre que se propuso alcanzar una de las metas más difíciles y admirables de conseguir: el conocimiento, que por más profundo que sea nos debe conducir a la acción. No se trata solo de entender cómo vivir una vida buena, sino hacerlo paso a paso, enfrentándola con valentía, sabiduría y serenidad.

«LOS PRINCIPIOS VIVEN. ¿CÓMO PODRÍAN MORIR SI NO ES EXTINGUIÉNDOSE LAS IMÁGENES QUE LES CORRESPONDEN? Y ÉSTAS DEPENDEN DE TI PARA SER REAVIVADAS CONTINUAMENTE».

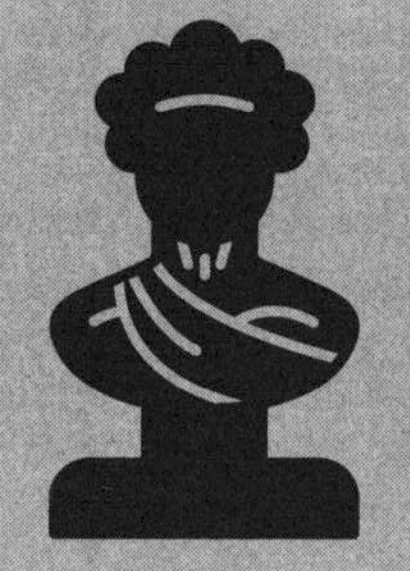

«¿CUÁL ES TU PROFESIÓN? SER BUENO».

EL CAMINO HACIA LA FELICIDAD

LECCIÓN 2

La tarea a la que Marco Aurelio dedicó su vida entera parece, a primera vista, bastante simple: quería vivir bien. Ese deseo de llevar una vida moralmente correcta no era algo que considerara una aspiración pasajera o difusa. En su diario filosófico, las *Meditaciones*, detalla hasta qué punto centraba sus esfuerzos en alcanzar esta meta. Consciente de que sus días en este mundo estaban contados, se propuso aprovechar cada uno para llevar una vida alineada con sus principios. La idea de fallar en esta empresa le preocupaba profundamente, al punto de no dudar en castigarse a sí mismo cuando consideraba que su comportamiento se desviaba de su ideal. Su motivación era tan fuerte que constantemente se animaba a no flaquear en su intención.

Pero ¿qué significa realmente «vivir bien»? ¿Es lo mismo la «vida buena» que la «buena vida»? Esa distinción, que puede parecer semántica, encierra una diferencia filosófica clave. En nuestros tiempos, la noción de «buena vida» tiende a estar asociada con placeres materiales: disfrutar de comidas exquisitas, ropa lujosa, viajes exóticos o una vida sin preocupaciones. Para otros, la buena vida es sinónimo de fama, éxito o poder o una combinación de estas aspiraciones. El placer y la riqueza o el renombre se convierten en sinónimos de bienestar. Estas concepciones de buena vida son comunes dentro de una visión del mundo centrada en la acumulación de bienes o reconocimiento social.

En contraste, para Marco Aurelio la «vida buena» no se medía por placeres externos ni acumulación de riquezas. El blanco al que apuntaba con precisión era mucho más nítido: para él, la vida buena era la vida moral. Esta visión estaba profundamente enraizada en las enseñanzas estoicas que guiaban su pensamiento. No había duda para él: la única forma de vivir verdaderamente bien era siendo una persona moralmente íntegra. Cada acción, cada pensamiento, debía estar alineado con los principios de la virtud. No era suficiente simplemente evitar el mal; el verdadero objetivo era mejorar como persona cada día. Más que evitar las dificultades o el sufrimiento, se trata de enfrentarlos con fortaleza interior. Según el emperador, desperdiciamos el tiempo que tenemos en esta tierra si no lo utilizamos para perfeccionarnos como seres humanos. Cada momento de nuestra existencia es una oportunidad para hacernos más honrados, sabios, generosos, pacientes y nobles.

Marco Aurelio equiparaba la buena vida con la virtud. Para él, vivir bien era sinónimo de ser bueno. Esa idea, aunque puede parecer evidente, no estaba basada en el modelo de la recompensa y el castigo que hoy suele motivar el comportamiento moral. En nuestra sociedad, muchas personas siguen un código moral con la esperanza de ser recompensados, ya sea en esta vida o en la siguiente. La religión cristiana, por ejemplo, suele enseñar que ser una buena persona te llevará al cielo, mientras que ser una mala persona resultará en castigos eternos. En la vida secular, muchas veces actuamos bien para obtener la aprobación de la sociedad o por temor a ser rechazados o castigados si no lo hacemos.

«CUANDO HACES EL BIEN, ¿QUÉ MÁS QUIERES? ¿NO ES SUFICIENTE HABER ACTUADO DE ACUERDO CON LA NATURALEZA, SINO QUE PIDES UNA RECOMPENSA? ES COMO SI LOS OJOS LA PIDIERAN POR VER Y LOS PIES POR ANDAR. IGUAL QUE ELLOS EXISTEN PARA CUMPLIR UNA FUNCIÓN, EL HOMBRE HA NACIDO PARA OBRAR HONRADAMENTE».

Sin embargo, para Marco Aurelio este enfoque no era suficiente. Su motivación para llevar una vida moral no tenía nada que ver con la promesa de una recompensa ni con el miedo al castigo. Cuando el emperador se dedicaba a mejorar su carácter día a día, no temía el favor o el castigo de los dioses. Se esforzaba por ser una buena persona porque no concebía otra forma de vivir. Ser bueno, para él, era tan natural como respirar. El emperador compartía con los estoicos la creencia de que la bondad estaba inscrita en la naturaleza misma del ser humano, en su ADN, diríamos hoy. Tal como los peces están hechos para nadar y las aves para migrar, los seres humanos estamos diseñados para ser virtuosos.

Sin embargo, esta visión estoica de la naturaleza humana, como intrínsecamente orientada hacia la virtud, no significa que nacemos automáticamente buenos. Aunque la bondad está dentro de nosotros, no brota de manera espontánea. Marco Aurelio entendía que ser bueno era un proceso de aprendizaje. Al igual que el niño aprende a caminar a través de la práctica, los seres humanos debemos practicar las virtudes para convertirnos en personas moralmente rectas. Esta práctica constante es lo que permite que nuestras acciones se alineen con nuestra naturaleza virtuosa.

Para el emperador filósofo cada día era una oportunidad para entrenar estas virtudes. Las situaciones cotidianas ofrecían un escenario perfecto para practicar la paciencia, la sabiduría y la valentía. Si un amigo necesitaba un consejo, Marco Aurelio practicaba su empatía al escucharlo con atención y ofrecer su opinión sincera. Si alguien era injustamente acusado, el emperador veía en ello una oportunidad para practicar la valentía de interceder en su nombre. De este modo, poco a poco, paso a paso, el ser humano puede perfeccionar su carácter y acercarse a la vida buena.

«DESPUÉS DE MUCHOS ERRORES NO HAS ENCONTRADO LA FELICIDAD EN NINGÚN LUGAR: NI EN LOS SILOGISMOS, NI EN LA RIQUEZA, NI EN LA GLORIA, NI EN EL PLACER, EN NINGÚN LUGAR. ¿EN QUÉ CONSISTE? EN HACER LO QUE PIDE LA NATURALEZA DEL HOMBRE».

Sin embargo, en la visión de Marco Aurelio, esta perfección no se alcanza de la noche a la mañana, y los errores son parte del proceso. Es normal que tropecemos en nuestro camino hacia la virtud. Tal como el niño se cae al aprender a caminar, también es natural que fallemos al intentar ser buenos. No seremos lo suficientemente valientes para defender lo que es correcto, y no siempre seremos lo suficientemente sabios para dar el mejor consejo. Sin embargo, para Marco Aurelio estos tropiezos no son señales de maldad innata, sino parte del aprendizaje. Lo importante es no rendirse ante estos fracasos. Como todos los niños, eventualmente aprendemos; cuando uno se cae, corresponde desempolvarse las rodillas y seguir adelante.

La perspectiva de Marco Aurelio sobre la moralidad es mucho más generosa que la visión moderna donde a menudo se asume que las personas deben ser incentivadas o manipuladas a actuar correctamente. En lugar de ver a los seres humanos como criaturas que necesitan la presión externa o la promesa de una recompensa o el miedo al castigo para portarse bien, Marco Aurelio creía que la bondad está en nuestra naturaleza y que simplemente necesitamos cultivarla.

Ahora bien, ¿qué pasa con la felicidad? En un mundo tan centrado en la perfección moral, ¿hay lugar para la felicidad? Para Marco Aurelio, no había distinción entre la virtud y la felicidad. Ser bueno es sinónimo de ser feliz, ya que la virtud era parte de la naturaleza humana. Al vivir de acuerdo con esta naturaleza, el ser humano no solo cumple con su propósito moral, sino que también experimenta una profunda satisfacción interna. Esta idea de felicidad, como resultado de la virtud, es radicalmente diferente a la concepción moderna que a menudo asocia la felicidad con placeres superficiales, momentáneos o la acumulación de bienes.

Es parecido al sentimiento que brota en nosotros al meter un gol en un partido de futbol reñido o cantar una canción sin desentonar. Estamos cumpliendo con un propósito que nos propusimos alcanzar. Es un tipo muy específico de satisfacción el que brota en nosotros cuando nos ponemos una meta clara y, después de dedicarle todos nuestros esfuerzos, por fin la alcanzamos. Para Marco Aurelio, esta satisfacción, que brota de la seguridad de saber que uno está haciendo exactamente lo que debe hacer, es la felicidad a la que podemos aspirar al vivir una vida moral.

Es cierto que la falta de recompensas y la asociación de felicidad con la gratificación inmediata puede parecer poco atractiva. Los placeres más intensos tienden a esfumarse rápidamente y a generar un deseo mayor. Pero, para Marco Aurelio, ser bueno no era algo que se cuestionaba. Al igual que la semilla no se pregunta si debería crecer, el ser humano no debería preguntarse si debería ser virtuoso. Para él, la vida buena no era algo que se discutiera; simplemente era. Además, esperar recibir por ello algún premio sería como querer darle un trofeo al sol por aparecer cada mañana. La verdadera y única recompensa que debemos esperar por cumplir con las demandas de nuestra naturaleza es el sentimiento de satisfacción, contento, armonía y felicidad que nacen de hacer un buen trabajo. La felicidad, así, está garantizada.

Para el emperador filósofo, la buena vida también tenía otra ventaja: nos hace dueños de nuestra propia felicidad. Así pues, si nuestra felicidad depende de cumplir vivir moralmente, y vivir moralmente depende de nosotros, entonces nuestra felicidad está siempre en nuestras manos; nos da independencia. A diferencia de la riqueza, el poder o la fama, que siempre dependen de factores externos, la virtud es algo que está bajo nuestro control. Esto hace que la felicidad, tal como la concebía Marco Aurelio, sea mucho más estable y alcanzable que la felicidad basada en placeres.

En un mundo enfocado en la acumulación de bienes y el éxito superficial, sus enseñanzas ofrecen una alternativa valiosa. Nos recuerda que la verdadera felicidad no se encuentra fuera de nosotros, sino dentro, en la forma en que vivimos nuestras vidas. Y que nos volvemos buenos de la misma manera en la que una semilla se vuelve un árbol: de manera natural, lenta e indiscutible, pero sobre todo, feliz; dichosos de saber que estamos cumpliendo con nuestro único propósito en la vida.

«¿NO VES QUE LAS PLANTAS, LOS PÁJAROS, LAS HORMIGAS, LAS ARAÑAS, LAS ABEJAS HACEN LAS TAREAS QUE LES CORRESPONDEN, CONTRIBUYENDO ASÍ A LA ARMONÍA DEL MUNDO? Y TÚ, ¿NO QUIERES HACER LO QUE CORRESPONDE A UN HOMBRE?».

«QUIEN NO TOLERA QUE EL MALVADO COMETA FALTAS ES COMO QUIEN NO TOLERA QUE LA HIGUERA DÉ HIGOS, QUE LOS NIÑOS LLOREN, QUE EL CABALLO RELINCHE Y LAS OTRAS COSAS INEVITABLES».

ENEMIGO ÍNTIMO

LECCIÓN 3

«Conoce a tu enemigo» es una de las máximas cardinales de la guerra y una que el emperador filósofo se tomó muy en serio, incluso fuera de los combates. Preocupado por volverse una mejor persona, Marco Aurelio tenía un adversario principal: la maldad, tanto la suya como la de los demás. Reflexionó de manera profunda sobre qué era el mal exactamente; para él era esencial entender los obstáculos que podían interponerse en su camino hacia la mejora personal. Entender la naturaleza del mal era crucial si quería reconocerlo y evitarlo a toda costa. No es una exageración decir que llegó a conocer íntimamente a este gran enemigo.

Empezó por definir qué no era la maldad. Sabiendo que desperdiciar energía en enemigos equivocados era inútil. Para Marco Aurelio, muchas de las cosas que la gente considera malas o perjudiciales no son realmente antagonistas dignos. El mal comportamiento de las personas que lo rodeaban, como el egoísmo, la ambición desmedida o la falta de empatía, no debían quitarnos un solo segundo de sueño. Ciertamente, estas actitudes son frustrantes y desagradables; nadie disfruta tener que lidiar con un jefe déspota o un amigo egoísta. Sin embargo, para él estas cosas no eran verdaderamente malas.

El emperador, siguiendo las enseñanzas estoicas, creía que lo único que podía ser considerado realmente malo era lo que volvía malo a uno mismo. Según Marco Aurelio, está en la naturaleza del ser humano ser bueno. Todos nacemos con un potencial innato para la valentía, la generosidad y la empatía, pero esto no garantiza que vayamos a concretar ese potencial. Igual que un árbol puede crecer torcido, nuestro carácter también puede desviarse. El verdadero mal no reside en las acciones de los demás hacia nosotros, sino en nuestras propias decisiones que nos apartan de la virtud.

Cada vez que fallamos en actuar valientemente o negamos la ayuda a un amigo, estamos torciendo el árbol de nuestra naturaleza. Pero el verdadero peligro radica en actuar contrariamente a nuestra esencia. Cada pequeña mentira, acto egoísta o falta de empatía desvía el curso de nuestra vida hacia el mal. Como un árbol que ha comenzado a crecer en una dirección incorrecta, cada acción negativa nos aleja más de nuestro verdadero potencial y se vuelve más difícil enderezar el crecimiento.

Este proceso no es trivial. Para Marco Aurelio, la maldad era un enemigo sutil y astuto, porque cada pequeña acción negativa es fácil de justificar. Decir una pequeña mentira para proteger los sentimientos de un amigo o culpar a otro por un error propio pueden parecer acciones insignificantes. Pero cada uno de nuestros actos contribuye a desviar nuestra naturaleza y, lo que es peor, hace que repetir esas acciones sea cada vez más fácil.

En sus *Meditaciones*, Marco Aurelio se analiza constantemente, sabiendo que este autoanálisis es fundamental para combatir la maldad en uno mismo. Esto conecta con la imagen del árbol que no crece recto por accidente. Al igual que un jardinero debe podar sus plantas, el emperador cree que debemos examinar nuestras acciones, corregir nuestros

«CUÁNTO TIEMPO LIBRE GANA QUIEN NO MIRA LO QUE DICE, HACE O PIENSA EL VECINO Y SÓLO SE PREOCUPA DE QUE SUS PROPIOS ACTOS SEAN JUSTOS Y BUENOS. NO PRESTES ATENCIÓN A LA MALDAD. VETE DIRECTO HACIA LA META, SIN DESVIACIONES».

errores y asegurarnos de que nuestra vida crezca en la dirección correcta. Aquí radica uno de los elementos más desafiantes de su filosofía: cada pequeña decisión puede tener un peso inmenso, porque define si estamos avanzando hacia el bien o hacia el mal; si somos buenas o malas personas.

Sin embargo, el emperador también concede que hay una gran ventaja en esta perspectiva: si la maldad verdadera reside en nuestras propias decisiones, entonces somos inmunes a los males externos. Si alguien nos insulta, nos engaña o actúa maliciosamente hacia nosotros, no nos convierte en malas personas. De hecho, uno de los pilares de la filosofía estoica es que los eventos externos no tienen control sobre nuestra virtud, solo nuestras acciones definen quiénes somos. Al igual que el viento no puede derribar un árbol bien plantado, la maldad ajena no puede afectar nuestra naturaleza a menos que nosotros lo permitamos.

De esta forma, Marco Aurelio rechaza la idea de que el mal comportamiento de los demás deba preocuparnos demasiado. Las personas actúan con su propia naturaleza y no podemos cambiarla por la fuerza. Intentar forzar que alguien sea bueno sería tan inútil como pedirle a un árbol que dé frutos de otra especie. Lo que podemos hacer es mostrarles el camino a través de nuestros actos, de nuestro ejemplo, y ayudarlos a razonar sobre sus acciones, pero no las podemos forzar a cambiar. Moldear nuestra naturaleza es trabajo de cada uno. Se puede ayudar al prójimo, pero el emperador tenía claro que, de la misma manera en la que ellos no pueden forzarnos a ser malos, nosotros tampoco podemos cambiar la naturaleza de ellos.

El entendimiento estoico se extiende también a las tragedias de la vida. Marco Aurelio sostenía que los eventos externos, como la muerte, la enfermedad o los desastres naturales, no son realmente malos. Estos eventos, por dolorosos que sean, no tienen el poder de afectar nuestra virtud. Aquí el emperador introduce la metáfora del árbol en la tormenta, al que los vendavales no le sacuden una sola rama. El verdadero mal no es la tempestad que nos rodea, sino nuestra respuesta interna hacia ella. Como un árbol que permanece firme a pesar del viento, debemos resistir las adversidades externas sin permitir que afecten nuestra naturaleza.

Es difícil llegar a ver las cosas de la manera en las que las veía el emperador. Parece idealista e incluso inhumano en ciertos casos. Es parte de la experiencia humana universal que las tragedias, como la pérdida de un ser querido o una enfermedad grave, inevitablemente nos afecten, desafiando nuestra capacidad de mantenernos virtuosos. Aunque el estoicismo enseña que debemos ser autosuficientes, también es crucial reconocer que algunos factores externos consumen nuestros recursos internos, desviando nuestra atención y energía. Tal como un árbol necesita buenas condiciones para florecer, nosotros también necesitamos reconocer que los factores externos pueden afectar nuestra capacidad para cumplir con nuestro potencial.

El emperador estudió atentamente los movimientos de este astuto y sutil enemigo que es la maldad, un adversario contra el que seguimos y seguiremos luchando siempre. Trazó también estrategias para no caer en sus trampas. Marco Aurelio enseña que, aunque no podemos controlar todos los eventos de la vida, sí podemos controlar nuestras reacciones. Aquí entra la importancia de discernir qué merece nuestra atención y qué debemos dejar pasar sin que nos afecte, al menos no de manera profunda. Aunque el trabajo estresante o la pérdida de un ser querido son factores que nos demandan emocionalmente, no deberían desviarnos de nuestro crecimiento moral. Es un proceso de autocontrol que demanda constante vigilancia y reflexión.

Nuestro mayor enemigo no está en las personas que nos rodean ni en las dificultades de la vida, sino en nuestra propia incapacidad de vivir de acuerdo con nuestra naturaleza. Ser virtuosos no es un estado fijo, sino un proceso de crecimiento y poda constante, en el que cada decisión —pequeña o grande— nos aleja o nos acerca a la vida buena. La maldad, como el emperador filósofo la entendía, no es más que un desvío de nuestro verdadero camino. Y como jardineros responsables de nuestra propia naturaleza, somos responsables de cuidar el crecimiento de nuestra virtud. Y ahí yace la gran inteligencia militar del emperador: no hay por qué gastar energías luchando contra la maldad mundana de quienes nos rodean, cuando el enemigo contra el que debemos luchar está reflejado en el espejo.

«MI DESDICHA NO DEPENDE DE LOS DEMÁS».

«TE COMPONES DE TRES ELEMENTOS: CUERPO, HÁLITO E INTELIGENCIA. LOS DOS PRIMEROS SON TUYOS EN LA MEDIDA EN QUE DEBES CUIDARLOS, PERO SÓLO EL TERCERO ES ESTRICTAMENTE TUYO».

EL CASTILLO INTERIOR

LECCIÓN 4

El adjetivo *estoico* se usa hoy en día como sinónimo de impasible, firme y sereno. Conjura en nuestra mente imágenes de montañas y promontorios, estructuras inamovibles que permanecen ecuánimes ante cualquier situación. Estos no se doblan ni se rompen, sino que se mantienen firmes. Sin embargo, rara vez se menciona la enorme libertad que los estoicos, como Marco Aurelio, encontraban en el simple acto de permanecer quietos.

A primera vista, esta idea puede parecer contradictoria. Asociamos libertad con la capacidad para moverse sin restricciones, con la flexibilidad para hacer lo que uno desea. Esa concepción de libertad se asemeja a la ingravidez de una cometa que vuela sin ataduras. Pero para los estoicos la verdadera libertad no residía en la capacidad de hacer lo que uno quisiera, sino en la impasibilidad ante el mundo. Para ellos, la libertad más genuina se hallaba en la firmeza, en la solidez.

Esta perspectiva estaba basada en una visión muy particular del ser humano. Marco Aurelio sostenía que cada ser humano estaba compuesto por tres partes: el cuerpo, el alma y lo que él llamaba el «guía interior». El cuerpo, al ser material, nos permite interactuar en y con el mundo exterior. El alma es algo más compleja y, para los filósofos estoicos, también era considerada algo material. Según la visión estoica, el alma de cada persona estaba hecha de *pneuma*, una palabra griega que significa respiración o aliento. El mundo también tiene su propio *pneuma*, su propio aliento vital que, en el momento de su creación, le había sido dado por el gran creador divino que lo había formado todo. Como parte del mundo, cada ser humano lleva dentro de sí una pequeña porción de esta gran respiración divina primordial, conexión que compartimos con los animales. Es lo que nos permite, a ellos y a nosotros, recibir y procesar la información sensorial que recopilamos a través del cuerpo. Nuestro *pneuma* o alma es lo que nos permite movernos, percibir el mundo, sin ella el cuerpo sería estático.

Si basamos nuestra libertad en la capacidad de hacer lo que queremos, estamos a merced de las circunstancias externas.

Lo que distingue a los humanos, según Marco Aurelio, es el «guía interior», esa parte superior del alma que razona, decide, juzga. Aunque el alma recibe las impresiones del mundo exterior, es nuestro guía interior el que evalúa y decide qué pensamos de ellas, si valen la pena perseguir o evitar, si nos importan o no. Por ejemplo, el alma general puede recibir, gracias a nuestros cinco sentidos, la impresión de que hay un gran festín enfrente nuestro, pero es nuestro guía interior quien decide si nos acercamos a comer o no. Y es gracias a este guía que podemos llamarnos seres libres.

Aunque Marco Aurelio consideraba su cuerpo y su alma como algo suyo, creía que solo su guía interior le era verdaderamente propio. Consideraba que debemos cuidar el cuerpo, alimentarlo, entrenarlo y curarlo cuando sea necesario. En pocas palabras, debemos mantenerlo siempre sano para que pueda hacer lo que debe hacer: permitirnos

«PARECERSE AL PROMONTORIO SOBRE EL QUE ROMPEN LAS OLAS SIN CESAR: ÉL QUEDA EN PIE MIENTRAS A SU ALREDEDOR MUEREN LOS BORBOTONES DE AGUA».

existir en el mundo. Sin embargo, poco a poco el paso del tiempo va robándose lo que creemos que nos pertenece y envejecemos. No importa cuán diligentemente lo cuidemos, las arrugas, las enfermedades y el desgaste físico son inevitables. Compartimos, pues, la custodia de nuestro cuerpo con el tiempo, que eventualmente gana la batalla. Por eso, para el emperador, aunque nuestro cuerpo es ciertamente nuestro, no nos pertenece entera y exclusivamente.

Nuestra alma tampoco. Aunque solemos pensar en el alma como la esencia de nuestra identidad, para los estoicos era solo una parte del aliento universal, temporalmente prestada y vulnerable a las influencias externas. Así, lo único que nos pertenece de forma absoluta es ese núcleo racional, ese castillo interior, de altas paredes y profundas fosas, que mantiene al mundo separado y a distancia. No recibe impresiones, sino que las evalúa, como un regente al que le llega información por misivas. El resto del alma actúa como su mensajero, reportando sobre la situación del imperio, pero nuestro guía permanece siempre aislado. Nada lo puede tocar.

Por eso el castillo interior es la piedra angular de la libertad estoica. Para Marco Aurelio, la verdadera libertad no era moverse a voluntad, sino la capacidad de permanecer inalterado ante cualquier circunstancia. Ser una cometa sin cola puede parecer libertad, pero está a merced del viento. Querer hacer lo que se desee en cada momento puede parecer liberador, pero ¿acaso no sería un rehén de sus propios deseos? Estaríamos más cerca de la compulsión que de la verdadera elección. La libertad, por tanto, no es la capacidad de seguir nuestros impulsos, sino la de dominarlos.

Pero el mundo también pone obstáculos. Si basamos nuestra libertad en la capacidad de hacer lo que queremos, estamos a merced de las circunstancias externas. Un simple lunes de trabajo, con sus exigencias, puede frustrar nuestros deseos de descanso, haciéndonos sentir prisioneros

«NO ATENDER A LO QUE OCURRE EN EL ALMA DE OTROS NO PRODUCE FÁCILMENTE INFELICIDAD, PERO SÍ EL NO ESCUCHAR A TU PROPIA ALMA».

de las obligaciones. Para Marco Aurelio, esta concepción de la libertad —la de hacer lo que uno quiere— no era más que una forma de esclavitud: esclavitud al destino, a la fortuna, a los deseos cambiantes y al mundo exterior. La única y verdadera libertad para el emperador, la única digna de ser buscada, era la que se encuentra en la autosuficiencia del guía interior.

Esa libertad radica en la autonomía y la solidez, en ser como una montaña inamovible ante el embate del mundo. El castillo interior de cada persona es el bastión de su libertad, pues está totalmente aislado y nada le puede afectar. Mientras el cuerpo está a merced del tiempo y el alma pertenece al universo, el guía interior no puede ser vulnerado. Esta es la fuente de la verdadera libertad: estar completamente a salvo de las influencias externas y depender solo de uno mismo. Era, pues, autosuficiente y autónomo.

Este castillo interior no es solo una fortaleza, sino también un refugio. Cuando Marco Aurelio se sentía abrumado, asediado por los eventos del mundo, ya sea por frustraciones mundanas o enormes catástrofes políticas, se retiraba a su interior, al castillo de su alma. Pensaba en que, mientras mantuviera las puertas de su guía interior cerradas, nada podría afectarlo realmente. Desde ese lugar, encontraba la fuerza necesaria para reafirmar su temple y esta autonomía era la fuente del mismo, que le permitía enfrentar otra vez, y siempre una vez más, un nuevo día.

Sin embargo, esta parte amurallada del alma es mucho más compleja y profunda de lo que puede parecer a primera vista, como una ciudad que esconde unos cuantos callejones. Para Marco Aurelio, el proceso de autoconocimiento es esencial para alcanzar la libertad; era necesario explorar los callejones. Esta visión era poco común en la época del emperador. En líneas generales, la gran mayoría de los filósofos del mundo antiguo asumía que el alma era como un espejo en el que todos nuestros deseos, preocupaciones, fantasías e instintos se ven reflejados —de manera clara, legible— si tan solo miramos por un segundo hacia dentro. No obstante, para Marco Aurelio y los estoicos la cuestión era un poco más compleja.

Para el emperador, el proceso de autoconocimiento sería mucho más parecido a la experiencia de un turista que intenta orientarse en una nueva ciudad solo con un mapa. Tenemos maneras de situarnos, pero un mapa no es una representación fidedigna de una ciudad, con sus innumerables recovecos y callejones sin salida. Para llegar a conocer nuestra ciudad interior hay que explorar cada lugar, reparar en cada detalle, caminar por cada cuadra y visitar cada plaza.

Conocerse a uno mismo, para los estoicos, era un proceso más arduo y complejo que simplemente mirarse al espejo. Había que esforzarse continuamente, no dejarse engañar por la simpleza artificial de un mapa, y explorar cada esquina de nuestra ciudad interior. Hoy en día, esta perspectiva nos es más conocida. Con la popularización de disciplinas como el psicoanálisis y el lenguaje de la psicología cada día más ubicuo, la idea de que el autoconocimiento es un tipo de exploración profunda y constante no nos parece tan sorprendente ni tan revolucionaria.

El estoicismo, sin embargo, vuelve de este ejercicio de autorreflexión no solo una práctica necesaria si uno quiere superar ciertos traumas o llegar a entender partes clave de nuestro comportamiento, sino la piedra angular sobre la que está construida nuestra libertad. Para los estoicos, el autoconocimiento y la autorreflexión son un requisito para ser libres.

Asimismo, la libertad estoica no se trata de vivir sin límites, sino de saber dónde trazar la línea entre lo que nos pertenece y lo que no. Es aprender a distinguir entre lo que está en nuestras manos y lo que escapa de nuestro control. Tenemos que aprender a reconocer la diferencia entre lo que podemos afectar y lo que no nos puede afectar a nosotros. Esta comprensión nos permite ser libres porque nos desvincula de los deseos y expectativas que el mundo nos impone. Solo así podemos alcanzar el tipo de libertad con la que soñaba el emperador. La libertad es el trabajo de convertirnos en el regente de nuestra propia ciudad-estado. Solo detrás de esas murallas y fosas seremos inamovibles, ecuánimes y realmente libres.

«LA GENTE SE SUELE RETIRAR AL CAMPO, A LA COSTA O A LA MONTAÑA. TÚ MISMO LO DESEAS A MENUDO. PERO ES UN TANTO INGENUO, PUES EN CUALQUIER MOMENTO TE PUEDES RETIRAR EN TI MISMO. EN NINGUNA OTRA PARTE SE ENCUENTRA MÁS SOSIEGO Y QUIETUD QUE EN LA PROPIA ALMA».

«TODO SER TIENE UN DESTINO, INCLUSO EL CABALLO Y LA VIÑA. ¿TE EXTRAÑA? EL MISMO SOL TIENE SU FUNCIÓN, IGUAL QUE LOS DEMÁS DIOSES. ¿CUÁL ES LA TUYA?».

UN TODO UNIFICADO

LECCIÓN 5

Durante la época de Marco Aurelio, el estoicismo abarcaba mucho más que simples prácticas sobre cómo vivir bien. Involucraba disciplinas que hoy nos sorprendería ver en un plan de estudios filosóficos: áreas vastas y complejas, ahora separadas en facultades como la física, la biología, la teología y la lógica. Aunque no podríamos catalogar al emperador como físico o biólogo, su enfoque interdisciplinario refleja visiones educativas actuales, que promueven la integración de saberes para una comprensión más completa del mundo.

Hoy en día, las disciplinas académicas están profundamente segmentadas, producto de la especialización. Sin embargo, en tiempos de Marco Aurelio, el conocimiento se concebía como un todo unificado. Los estoicos lo dividían en tres ramas principales: lógica, ética y física. Cada una estaba conectada y era fundamental para entender tanto la naturaleza como el comportamiento humano. Este enfoque, casi veinte siglos después, es análogo a la idea contemporánea de la interdisciplinariedad, que busca integrar conocimientos de diversas disciplinas para resolver problemas complejos.

La lógica estoica no solo se refería al estudio sistemático de las inferencias y la validez de los argumentos, sino que también incluía la retórica y la teoría de la comunicación. Hoy, estos campos se dividen en disciplinas especializadas como la lingüística y la filosofía del lenguaje, pero para los estoicos todo estaba vinculado. Esta concepción es similar a lo que ocurre actualmente en campos como la inteligencia artificial, donde, para mejorar el procesamiento del lenguaje natural, es necesario integrar lógica y lingüística.

La ética estoica, centrada en cómo vivir bien, abarcaba no solo la vida individual, sino también la organización social. Involucraba cuestiones que hoy se abordan en los estudios de filosofía política o sociología, como pensar en la justicia y la cohesión social. La relevancia de estos planteamientos se mantiene en debates actuales sobre ética aplicada, como la bioética o la ética empresarial, donde se enfrentan problemas concretos, como el impacto de las nuevas tecnologías en la vida humana.

La física estoica, por su parte, trataba el estudio de las leyes que estructuran el cosmos, teorías sobre cómo inició y cómo terminará el universo, y la materia de la que están hechos el universo y los cuerpos celestes. Incluía, además, preguntas sobre la divinidad y el papel de los dioses en el mundo, un aspecto que hoy ha sido desplazado por ciencias como la cosmología. Sin embargo, algunos conceptos de la física estoica, como la idea de la interconexión de todas las cosas, resuenan más con teorías actuales, como la ecología o la teoría de sistemas, donde el énfasis está en el estudio de las relaciones entre los componentes de un sistema para entender su funcionamiento global.

Desde la perspectiva estoica, la lógica, la ética y la física no eran campos aislados, sino partes de un todo interrelacionado. Para ellos, quien se especializa en física no pierde su interés en saber cómo vivir bien. Un físico sigue siendo un ser humano, y por lo tanto le concierne el tema de la moral. De la misma manera, quien reflexiona sobre lo que es la excelencia humana debe argumentar sus conclusiones de manera lógica, lo que implica no desatender la disciplina que enseña cómo hacerlo correctamente.

Por eso, los estoicos utilizaban metáforas como la del cuerpo o el huevo para ilustrar esta interdependencia: así como un cuerpo necesita de huesos, músculos y alma para funcionar, o un huevo se compone de cáscara, clara y yema, el conocimiento necesitaba de todas sus partes para ser completo. De la misma manera, la lógica, la física y la ética se dan forma, se protegen y se motivan mutuamente.

En la actualidad, esta visión integradora se ha fragmentado. Las disciplinas académicas, separadas por líneas imaginarias, encuentran una expresión material en murallas muy reales. Lo vemos en la segmentación del conocimiento en facultades y especialidades, y también en la gran dicotomía del aprendizaje, que ha dividido el saber en dos campos: las ciencias *versus* las letras.

Hoy nos cuesta pensar que la física podría enseñarle algo verdaderamente valioso a campos como la ética, la sociología o los estudios culturales. Más absurdo aún, que el estudio del arte puede tener algún vínculo importante con la medicina, la biología o la química. El espíritu del tiempo parece indicar que cada uno está mejor en su propio espacio.

Sin embargo, hay esfuerzos por recuperar una perspectiva interdisciplinaria. Un ejemplo de ello es la medicina narrativa, que integra el estudio del arte y la literatura para mejorar la empatía y la comunicación entre médicos y pacientes. Este enfoque está tomando fuerza como una herramienta valiosa en la formación de los profesionales de la salud.

La lucha contra el cambio climático es otro claro ejemplo de la búsqueda de interdisciplinariedad. Resolver esta crisis no depende exclusivamente de los avances científicos, sino de políticas económicas, sociales y éticas que suelen quedar relegadas en el debate. Los científicos han reconocido que el conocimiento especializado es insuficiente; que se requiere la colaboración de disciplinas como la física, la sociología, la economía y la filosofía para abordar de manera integral los problemas complejos como la sostenibilidad. Este enfoque refleja la idea estoica de que el saber es interdependiente y que todas sus ramas deben colaborar para resolver los problemas del mundo.

Para comprender la naturaleza humana, no basta con una sola rama del saber.

La especialización puede llevar a la sobrevaloración de unas áreas sobre otras. Esta era una de las cuestiones que generaba mayor discusión entre los estoicos. Se debatía, cuál de las tres disciplinas era la más importante: ¿cuál era el alma del cuerpo o la yema del huevo? ¿La lógica, la física o la ética? Algunos sostenían que la física, por ser la que estudiaba el universo, merecía mayor esfuerzo y tiempo. Otros, como Marco Aurelio, consideraban que la ética era la disciplina más importante, ya que se ocupaba de la cuestión de cómo vivir bien. Las *Meditaciones* del emperador muestran que, aunque priorizaba la ética, también reconocía la importancia de la lógica y la física para una comprensión completa de la vida. Esto demuestra que, para él, la sabiduría radicaba en la integración de todas las ramas del saber.

Para los estoicos, vivir bien significa vivir de acuerdo con la propia naturaleza. Sin embargo, su concepto de *naturaleza* era mucho más amplio que el que manejamos hoy. Para ellos, todo el universo, desde los cuerpos celestes hasta las rocas, tenían una naturaleza o un propósito específico. Hoy tendemos a reducir la naturaleza al ámbito biológico, pero algunos filósofos contemporáneos han retomado la idea estoica

«LA LUZ DEL SOL ES UNA SOLA, AUNQUE SE DEJE DIVIDIR POR MUROS, MONTAÑAS Y UN SINFÍN DE OTRAS BARRERAS; LA MATERIA UNIVERSAL ES UNA SOLA AUNQUE SE DIVIDA EN INFINIDAD DE CUERPOS INDIVIDUALES».

de una «naturaleza humana» en debates éticos, como los que rodean la ingeniería ética y la clonación. Argumentan que comprender lo que es «natural» para los humanos es clave para tomar decisiones éticas responsables en estos campos.

El enfoque de Marco Aurelio sobre la naturaleza también resuena en la necesidad actual de enfoques holísticos para resolver los grandes problemas del mundo. La educación interdisciplinaria ha ganado terreno en universidades y centros de investigación, que buscan formar profesionales con una visión amplia del conocimiento. En la medicina, por ejemplo, cada vez se reconoce más la importancia de integrar el conocimiento biológico con el psicológico y el social para ofrecer una atención integral a los pacientes. De igual manera, la investigación en inteligencia artificial ha demostrado que para avanzar en este campo es necesario combinar conocimientos de informática, neurociencia, lingüística y filosofía. Esto demuestra que, al igual que los estoicos concebían el conocimiento como un todo interconectado, las disciplinas actuales también necesitan nutrirse mutuamente para enfrentar los desafíos contemporáneos.

Si bien es relativamente fácil aprehender la naturaleza de las plantas y animales que nos rodean, resulta más complejo determinar hacia dónde debemos apuntar los seres humanos. Sabemos, por ejemplo, que una planta de menta ha cumplido su propósito cuando alcanza ciertos hitos: su apariencia, su aroma y sabor característicos. De manera similar, reconocemos que un león cumple su naturaleza cuando caza, se reproduce y se integra a su manada. Pero ¿cuál es la naturaleza del ser humano?

Es en este punto donde la sabiduría estoica adquiere relevancia. Para comprender la naturaleza humana, no basta con una sola rama del saber. Tanto la física, como la lógica y la ética son imprescindibles. Empezando por la lógica: lo que distingue al ser humano es su capacidad de razonar, por lo que estudiar cómo funciona y está estructurado el pensamiento humano es esencial.

La física, por su parte, nos sitúa en el contexto del universo y es fundamental para comprender el papel que jugamos en él. Marco Aurelio meditaba sobre si el cosmos estaba regido por el destino o si todo el universo estaba a la merced del caos, cuestiones que influían directamente en la responsabilidad ética del ser humano. La física, según los estoicos, revelaba si somos agentes activos en el cumplimiento de nuestra naturaleza.

La ética, finalmente, lleva esta reflexión a un plano práctico. Nos ayuda a definir qué significa realizar plenamente nuestra naturaleza humana, buscando un referente, como el roble adulto es el ideal de una semilla. La ética nos orienta hacia cómo debemos actuar conforme a nuestra esencia.

Así, vemos cómo todas las ramas del saber son necesarias para entender nuestra naturaleza. Son inseparables: necesitamos comprender cómo pensamos para definir quiénes somos, y necesitamos conocernos para convertirnos en aquello que estamos destinados a ser.

El valor de la perspectiva estoica, en especial la de Marco Aurelio, radica en la interconexión del saber. Nos enseña que, aunque el conocimiento esté fragmentado en disciplinas, todas están vinculadas. Cada una requiere herramientas diferentes: el estudio del medio ambiente exige una observación minuciosa y continua, mientras que la física teórica requiere otro enfoque. No se trata de mezclar sin criterio las disciplinas, sino de comprender que, aunque divididas, siguen conectadas y se nutren una a la otra.

Reconocer cómo se relacionan los distintos campos del conocimiento es fundamental para el objetivo último: vivir bien. No podemos descuidar ningún área, aunque nos parezca lejana a nuestras preocupaciones cotidianas. Marco Aurelio nos recuerda que existimos dentro de una vasta red de conexiones que abarca el universo, desde las plantas hasta los seres humanos, pasando por animales y montañas.

Por eso, aunque los estoicos destacaban las diferencias entre las especies y subrayaban que la razón era lo que nos hace humanos, su filosofía nos sitúa en un trasfondo común con todo lo existente. En lugar de separarnos del resto del universo, la perspectiva del emperador filósofo nos integra en una inmensa red. Estudiar cómo funciona esa red es esencial para cumplir con nuestra naturaleza y convertirnos en quienes estamos destinados a ser.

«QUIEN NO SABE QUÉ ES EL MUNDO NO SABE DÓNDE ESTÁ».

«ACUÉRDATE, PUES, ANTE CUALQUIER CIRCUNSTANCIA QUE TE AFLIJA, DE USAR ESTE PRINCIPIO: ESTO NO ES UNA DESGRACIA, SINO UNA DICHA SOPORTARLO CON CORAJE».

ENTRENAMIENTO PARA LA VIDA

LECCIÓN 6

La vida de Marco Aurelio transcurrió entre dos mundos llenos de desafíos: las tensiones domésticas dentro de las cuatro paredes de su hogar y los conflictos que sacudían el vasto Imperio romano. Ser emperador, después de todo, no es tarea fácil. Marco Aurelio enfrentó toda clase de obstáculos: desde interminables desacuerdos con los senadores, que lo agotaban política y emocionalmente, hasta los largos y crueles años en los campos de batalla. A esto se sumaba el dolor personal, con la pérdida de varios de sus hijos, tragedias que minarían el espíritu de cualquiera.

No sorprende que su filosofía reflejara un modo particular de afrontar los innumerables retos que la vida, inevitablemente, le lanzaba. Marco Aurelio, el filósofo emperador, encontró en el estoicismo la herramienta para navegar la existencia, transformando cada desafío en una oportunidad para cultivar la virtud y la serenidad.

Él creía, de acuerdo con las enseñanzas estoicas, que todo lo que le sucedía al ser humano estaba predestinado. Según esta filosofía, el mundo estaba diseñado por Zeus, el todopoderoso rey de los dioses griegos y supervisor del universo. Bajo esta perspectiva, el curso de nuestras vidas nos es asignado por esa divinidad, e incluye tanto los buenos momentos como los malos. Para Marco Aurelio, cada colina, montaña o abismo que aparecía en su camino había sido colocado ahí por una mano divina. Esta idea central le permitía enfrentar cada desafío no solo con una ecuanimidad admirable, sino que lo llevó a ver cada obstáculo como una oportunidad de crecimiento.

Pero ¿cómo lograba esto? A primera vista, esta actitud suena no solo difícil de alcanzar, sino también contraintuitiva, incluso paradójica. Pensar que una nota desaprobada en el examen de matemáticas estaba predestinada difícilmente consuela. ¿Significa eso que, sin importar cuánto hubiera estudiado, el resultado siempre habría sido el mismo? Y si el desenlace de todas mis acciones está escrito de antemano, ¿por qué esforzarme? Esta idea de un destino predeterminado se vuelve más inquietante cuando pensamos en eventos más trágicos que un examen reprobado. ¿Estaba escrito que contrajera una enfermedad grave? ¿Era inevitable mi pelea con esa amiga a quien tanto quería?

Incluso Marco Aurelio dudaba a veces de la creencia estoica sobre el orden preestablecido de la naturaleza. Constantemente debía recordarse a sí mismo que, de hecho, existía un orden. Porque la otra opción, aceptar que el mundo y nuestras vidas están a la merced del caos, le resultaba insoportable. Aun así, aunque rechazaba la falta de coherencia, le resultaba difícil mantener una fe constante en un plan divino cuando su imperio no descansaba de la guerra, y la muerte le arrebataba una y otra vez a sus seres queridos. Si ya era complicado para un emperador sostener esta creencia, ¿es siquiera posible mantener esta visión del mundo hoy en día?

Muchas personas todavía encuentran un cierto consuelo en la idea de que algo más allá de nosotros, ya sea un dios, los astros o el universo mismo, guía el rumbo de nuestras vidas. Como muchos estoicos, creen que los obstáculos que enfrentamos son parte de un plan. Para Marco

«SI ALGO TE ES DIFÍCIL DE REALIZAR, NO SUPONGAS POR ELLO QUE ES IMPOSIBLE. PIENSA QUE, SI ALGO ES HUMANAMENTE POSIBLE Y PROPIO, TÚ LO PUEDES LOGRAR».

Aurelio, si Zeus había puesto una montaña en su camino, era porque lo consideraba capaz de superarla. Zeus no le enviaba más de lo que podía soportar, y este pensamiento le daba la confianza para enfrentar cada problema con temple y determinación.

Sin embargo, en la actualidad, el avance del pensamiento científico ha debilitado muchos de los cimientos sobre los que se apoyaba la idea del destino. La perspectiva secular, en general, es menos propensa a creer en el hado, la influencia de los astros o la mano divina que guíe nuestras vidas. Muchos ven el universo como caótico e impredecible y creen que intentar conectar los eventos de nuestra vida en cadena de causas y efectos es un esfuerzo subjetivo e inútil. Para estas personas no hay nada reconfortante en pensar que nuestros problemas han sido colocados por algo que trasciende al ser humano. Más bien, encuentran la idea limitante, restrictiva e incluso cruel.

Lo verdaderamente valioso de la filosofía de Marco Aurelio es que ofrece una respuesta a ambas posturas. Porque la manera en que el emperador entendía el concepto de *predestinado* es muy distinta de la imagen que se nos viene a la mente cuando hablamos de destino. Y afirma algo que, creamos en el hado o no, es innegable: la vida es, en pocas palabras, complicada.

Marco Aurelio sabía que esperar que la vida fuera únicamente placentera era tan engañoso como inútil. Para entender esto no es necesario creer que nuestro destino está escrito desde antes de nacer. Sean puestos ahí por los astros, por dios o por mero caos, vamos a tener que enfrentar ciertas dificultades, probablemente más que solo unas pocas. La vida, como bien sabía el emperador, está plagada de retos y dificultades, al igual que un paisaje está marcado por montañas y valles. Los obstáculos, como las tormentas o los días soleados, son parte de la vida. Quejarse es tan inútil como maldecir al cielo por llover o enfadarse con el sol por brillar.

Es esta idea de predestinado la que permitió a Marco Aurelio escalar las montañas de la vida con calma y descender por sus valles sin angustiarse. Sabía que los retos eran inevitables, y prefería concentrarse en lo que podía controlar: sus acciones. En vez de quejarse o lamentarse por las dificultades que encontraba, el emperador se enfocaba en lo que estaba bajo su dominio. Aunque las circunstancias externas fueran obra de Zeus, su reacción ante ellas dependía enteramente de él. Si vas a la playa y terminas con insolación, es irracional culpar al sol. La responsabilidad es tuya por no haberte protegido con crema solar. De manera similar, si no te dan un trabajo o te niegan una promoción, es inútil lamentarse por las circunstancias. Lo único que podemos hacer es analizar la situación: ¿pude estar mejor preparado? ¿Había alguien mejor calificado? ¿O simplemente el resultado estaba fuera de mi control por razones ajenas?

Una vez revisada la situación, podemos discernir qué estaba en nuestras manos y qué no. Con eso claro, podemos intentarlo de nuevo mejor preparados o dejarlo ir. Marco Aurelio veía cada obstáculo como una oportunidad de aprendizaje. Sabía que quejarse por lo inevitable no tenía sentido. En cambio, prefería redirigir su energía a prepararse mejor, entendiendo que algunas situaciones están fuera de nuestro control, como la luz del sol o el favoritismo.

Pero los altibajos de la vida no solo ofrecen lecciones prácticas. La filosofía de Marco Aurelio va más allá. Para él, la manera en que uno reacciona ante los desafíos no es solo una cuestión de aprender a reconocer qué está bajo nuestro control, sino una oportunidad para moldear el carácter.

Marco Aurelio entendía que virtudes como la valentía o la sabiduría no se desarrollan de manera espontánea, se cultivan por medio de la repetición y la práctica. Uno no nace sabio, sino que se vuelve sabio al acumular experiencias. Del mismo modo, uno no se vuelve valiente viendo televisión en casa. La valentía requiere situaciones que la pongan a prueba. Pero Marco Aurelio no sugería buscar problemas para ejercitarse. Sabía que los desafíos, tarde o temprano, llegarían por sí solos.

Esta es la importancia de ver cada reto como una sesión en el gimnasio: los obstáculos más pequeños y las colinas más bajas nos preparan para escalar los Everest de la vida. Así, cuando enfrentemos las montañas más altas, nuestras piernas podrán temblar, pero no se doblarán. La valentía, por ejemplo, se ejercita en situaciones cotidianas: opinar en una reunión, decir la verdad cuando es difícil o resistirse a la presión social.

Los desafíos no solo nos enseñan lecciones prácticas, útiles para el día a día, sino que son el escenario mismo donde nos convertimos en quienes somos. Son tan importantes que Marco Aurelio agradecía a los dioses por no haberle dado un camino fácil, pues sin estos retos simplemente no sería quien llegó a ser. Sin embargo, esta perspectiva no es fácil de mantener, especialmente frente a grandes tragedias. Enfermedades graves o la muerte de un ser querido difícilmente parecen oportunidades para moldear nuestro carácter. Es complicado ver el dolor, ya sea físico o emocional, como un peldaño hacia la mejora personal. Pero Marco Aurelio creía que esto era posible, porque la preparación para estos momentos difíciles se había trabajado previamente.

Así que, aunque la filosofía del emperador no garantiza que enfrentaremos la tragedia con total calma, sí nos ofrece una manera de prepararnos. Lo único seguro en la vida, como nos recuerda él una y otra vez, es que habrá obstáculos, nos los envíe Zeus, el caos o el azar. Y no importa quién los ponga en nuestro camino, porque igual tendremos que escalarlos. Para lograrlo, debemos empezar a ejercitar las virtudes: paciencia, valentía, sabiduría. Marco Aurelio nos enseña que es la vida misma la que nos prepara para vivirla y, cuanto antes comencemos a aprender de ella, más fácil nos resultará enfrentar sus altibajos.

«PERDER SÓLO ES CAMBIAR. Y LA NATURALEZA UNIVERSAL DISFRUTA CON EL CAMBIO».

«HOY HE ESCAPADO DE LOS ESTORBOS, O, MEJOR, LOS HE EXPULSADO, PUES EN REALIDAD ESTABAN DENTRO DE MÍ: ERAN MIS OPINIONES».

AUTOCONTROL

LECCIÓN 7

Gran parte de la filosofía estoica se puede sintetizar en la metáfora del acantilado frente al mar: inamovible, firme, ecuánime, aunque constantemente golpeado por las olas de la vida. Marco Aurelio buscaba emular esta actitud, no solo como emperador, sino también en su vida cotidiana. Lo lograba gracias a una de las lecciones más difíciles de entender y aplicar que nos deja en sus *Meditaciones*: la idea de que todo es solo opinión.

Cuando el emperador habla de «opinión» no se refiere únicamente a lo que hoy llamamos preferencias personales o subjetivas, sino a nociones más profundas, como el dolor, el sufrimiento e incluso el amor. Puede sonar contraintuitivo, después de todo, cuando te golpeas el dedo del pie contra la pata de una mesa no «opinas» que te duele, simplemente te duele. Tampoco «opinas» que amas a alguien, lo sientes de manera real. Sin embargo, Marco Aurelio, inspirado en las enseñanzas estoicas, tenía una visión diferente. En ella, encuentra el secreto que le permitió afrontar con serenidad los constantes embates de las olas del mar.

Los estoicos creían que nuestra percepción de la realidad estaba distorsionada por nuestra imaginación y nuestras interpretaciones subjetivas. Según Marco Aurelio, no vemos el mundo en forma directa, como si fuera una fotografía, sino como una interpretación artística. Como un pintor que acentúa ciertos colores o difumina otros, cada uno de nosotros filtra la realidad a través de nuestras creencias, expectativas y juicios. Esta es la razón por la que dos personas pueden vivir la misma situación y reaccionar de manera completamente distinta: no es la realidad en sí, sino cómo la interpretamos.

A diferencia de lo que sabemos de los animales, que solo perciben los estímulos externos mediante sus sentidos, los seres humanos agregamos un componente adicional: el juicio. Cuando percibimos que está lloviendo, no solo registramos el hecho, sino que lo juzgamos. Decimos «¡qué molesto que esté lloviendo!» o «¡qué bueno que llueva!». Ese juicio es lo que, según Marco Aurelio, nos causa frustración o descontento. No es la lluvia en sí misma lo que nos afecta, sino la opinión que tenemos sobre ella.

Para el emperador, la clave para vivir en paz era aprender a despojarse de ese filtro de opiniones y ver los hechos tal como son. Si eliminamos el juicio «¡qué mal!» y nos concentramos solo en el hecho «está lloviendo», evitamos el malestar. La frustración no proviene de la situación, sino de nuestra interpretación de ella. Este es el principio detrás de su famosa afirmación de que «todo es solo opinión».

Esta transformación de nuestra manera de percibir el mundo no es fácil. Los estoicos desarrollaron lo que llamaban «disciplina del asentimiento», un ejercicio de autocontrol mental para discernir entre los hechos y nuestras opiniones sobre estos, lo cual requiere atención constante a nuestro diálogo interno, ya que a menudo emitimos juicios de manera automática e inconsciente. Uno no suele pensar: «Está lloviendo, y no me gusta, por eso lo considero malo». Más bien, la reacción es inmediata: «¡Qué fastidio la lluvia!». El objetivo de la disciplina del asentimiento es crear un pequeño espacio de reflexión entre la percepción inicial y el juicio, lo que nos permite reconsiderar nuestra reacción antes de que esta se manifieste en emociones negativas.

«ACABA CON LAS IMAGINACIONES AL REPETIRTE: DEPENDE DE MÍ QUE EN MI ALMA NO HAYA NI LA MENOR MALDAD, NI DESEO, NI NINGUNA PREOCUPACIÓN. VEO LAS COSAS COMO SON Y LAS USO SEGÚN SU VALOR. NO OLVIDES ESTE PODER QUE POSEES DE MODO NATURAL».

Este proceso no solo modifica nuestras emociones, sino también cómo experimentamos el mundo. Nos da un momento para decidir si realmente vale la pena reaccionar con frustración o si la situación no es tan negativa como pensábamos. Al aplicar esta técnica, retrasamos la aparición de emociones impulsivas y nos damos la oportunidad de actuar de manera más racional y controlada.

Aunque esta técnica pueda parecer abstracta, es sumamente práctica. Imagina que pierdes el autobús o se cancela una reunión que habías planeado con amigos. En lugar de dejar que la frustración se apodere de ti de inmediato, puedes tomarte un segundo para cuestionar si la situación realmente merece esa reacción. Esta pausa te permite manejar mejor tus emociones y, con el tiempo, aprender a navegar las dificultades cotidianas con mayor serenidad.

Marco Aurelio usaba esta técnica en su vida diaria, recordándose que sus problemas no eran más que el resultado de sus propias opiniones, y que siempre tenía el poder de cambiarlas o eliminarlas. Su meta era extirpar todas las opiniones subjetivas y ver el mundo de manera objetiva, como una fotografía sin filtros. Creía que solo entonces podría vivir sin ser perturbado por las emociones y enfrentar cualquier obstáculo con calma y temple.

Sin embargo, la práctica de eliminar las opiniones subjetivas tiene sus desventajas. Al deshacernos de los juicios negativos, también podríamos perder los positivos. Si eliminamos las opiniones que nos frustran, ¿qué pasa con las que nos hacen sentir felicidad, cariño, amor? Si nos despojamos de la subjetividad, también estaríamos renunciando a aquello que nos hace preferir cosas y estimar personas. ¿Estamos dispuestos a hacer este sacrificio?

«CUANDO CREAS QUE ALGO ES EXTRAORDINARIAMENTE CONFIABLE, DESNÚDALO Y CONTEMPLA SU TRIVIALIDAD SIN DISFRACES».

Por ejemplo, un trofeo que gané en la escuela no es más que un pedazo de plástico. Sin embargo, lo valoro porque me recuerda momentos de esfuerzo y triunfo. Eliminar esa opinión significaría perder la conexión emocional que tengo con ese objeto. Lo mismo sucede con el amor. Para mí, mi pareja no es solo una persona entre millones, es especial por la manera en la que la veo y lo que significa para mí. Sin el filtro subjetivo, esa relación perdería gran parte de su valor emocional.

Afortunadamente, no es necesario llegar tan lejos. Podemos adoptar la perspectiva estoica de manera flexible, utilizando su sabiduría para manejar mejor las frustraciones cotidianas sin renunciar a las emociones positivas que nos conectan con el mundo. Marco Aurelio nos da las herramientas para distinguir entre los hechos y las opiniones, y con eso nos otorga el poder de decidir qué nos afecta y qué no. Hay algo reconfortante en la idea de que, al igual que podemos decidir que algo no nos importa, como la lluvia, de la misma manera está en nuestras manos la decisión de lo que sí es importante para nosotros.

En última instancia, la filosofía estoica de Marco Aurelio sigue siendo valiosa porque nos recuerda que tenemos mucho más control sobre nuestras percepciones de lo que creemos. Nos enseña a ser firmes como un acantilado frente a las tormentas de la vida, sin dejar que las olas nos arrastren. Al aprender a reconocer nuestras opiniones, también aprendemos a dominar nuestras emociones y, con esto, ganamos una paz interior más profunda.

«¿SIENTES DOLOR O PLACER?
ES COSA DE LA PERCEPCIÓN».

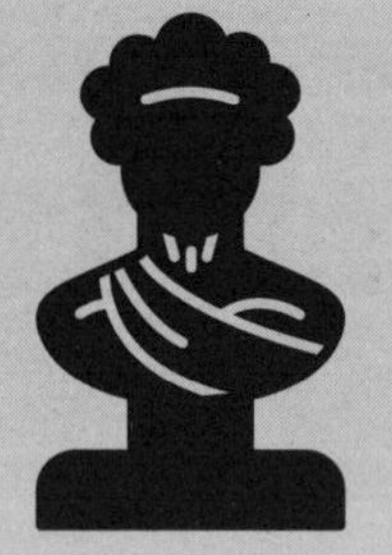

«TODO LO QUE OCURRE SIEMPRE HA OCURRIDO, OCURRIRÁ Y OCURRE ASÍ EN TODAS PARTES».

EL TIEMPO ES AHORA

LECCIÓN 8

Marco Aurelio estaba profundamente consciente de la infinitud del tiempo. Sentía cómo el pasado y el futuro se extendían como inmensos abismos a sus pies, mientras él se equilibraba precariamente sobre una delgada cornisa: el presente. Aunque esta percepción podría haber resultado abrumadora, el emperador aprendió a enfrentar la eternidad sin sucumbir al vértigo. Hizo del arte de vivir en el presente su mayor lección, algo que todavía hoy deberíamos practicar si buscamos aprovechar el limitado tiempo que se nos concede en esta vida.

Esta visión del tiempo era, en esencia, una enseñanza estoica. Para los estoicos, el tiempo era como un río inmenso, cuyo origen y desembocadura desconocemos. Lo único que realmente vemos es su curso, que arrastra nuestras vidas hacia adelante, sin detenerse. Marco Aurelio veía su existencia como una pequeña piedra en ese caudal, perdida entre miles, imposible de distinguir a simple vista. Tan pronto como la espuma del río la deja a la vista, vuelve a hundirse, borrada por el imparable flujo del tiempo.

De entrada, esta visión puede parecer desalentadora. Desde la perspectiva de la historia, que se mide en eras y milenios, los años de vida de una persona parecen no solo breves sino insignificantes. ¿Qué son unas cuantas décadas frente a la eternidad?

El panorama se vuelve aún más sombrío si consideramos otra enseñanza clave del estoicismo: no solo la vida humana es efímera, sino que nuestras experiencias no son únicas. Marco Aurelio creía que todo lo que vivió ya había sucedido antes y volvería a suceder después. Para él, la historia era cíclica y, así, nada era verdaderamente nuevo. Entendía que los seres humanos somos actores que interpretamos una y otra vez la misma obra, escrita hace milenios por una pluma que no controlamos. Los actores cambian según avanza el tiempo, renovando la obra cada temporada, pero los papeles, los diálogos y los conflictos permanecen inmutables.

¿Cómo, entonces, podía Marco Aurelio tomarse su propia vida en serio? ¿Cómo considerar que lo que uno hace es importante? ¿Cómo valorar una vida breve y repetida? Si todo ya ha ocurrido y volverá a ocurrir, ¿qué sentido tiene esforzarse o prestar atención a los detalles de nuestra vida? Todo parece un esfuerzo inútil y parecería natural caer en la apatía.

Para el emperador, asumir la relativa trivialidad de su vida era justamente lo que le permitía darle la bienvenida a cada día con entusiasmo y tranquilidad. Al observar su vida desde la vastedad del tiempo, sus problemas, por grandes que parecieran, perdían importancia. Si él era insignificante en el gran esquema del universo, sus problemas lo eran también. La idea de que otros habían enfrentado los mismos desafíos le daba consuelo: si alguien lo superó antes, él también podría hacerlo. Este cambio de perspectiva le ofrecía calma para enfrentar las dificultades que, como sabemos, no eran pocas. Como emperador, Marco Aurelio tenía que solucionar una larga retahíla de nudos políticos, campañas

«ACUÉRDATE DE QUE SÓLO ERES UNA MÍNIMA PARTE DE LA SUSTANCIA TOTAL, DE QUE SÓLO DISPONES DE UN BREVE INTERVALO DE TIEMPO GLOBAL, Y DE QUE SÓLO DISPONES DE UN PEQUEÑÍSIMO LUGAR EN EL DESTINO».

militares y los pormenores de mantener el Imperio romano en marcha. Al esforzarse en recordar que, al fin y al cabo, él no era más que un pequeño punto en la inimaginable inmensidad de la eternidad, sus problemas rápidamente se relativizaban también.

Lo más interesante de esta visión es que no es necesario creer en la ciclicidad del tiempo para ponerla en práctica. Cuando nos encontramos con un problema, podemos detenernos un momento y ampliar nuestra perspectiva. Así como Marco Aurelio relativizaba sus dificultades, también podemos recordar que el tiempo sigue su curso, y que nuestros problemas, por grandes que parezcan, también pasarán. Un paso atrás y ampliar la mirada.

Por ejemplo, cuando nos sentimos frustrados por el tráfico o por algún contratiempo cotidiano, no es necesario pensar en la inmensidad del universo para calmarnos. Basta con recordar que este momento es solo una pequeña parte de nuestro día y que pronto será reemplazado por otros. De manera similar, cuando enfrentamos situaciones más graves, como un despido o una ruptura, alejarnos del presente para contemplar el panorama más amplio puede ayudarnos a entender que incluso esos obstáculos serán barridos por el paso del tiempo.

Sin embargo, esta relativización no solo afecta lo negativo. También podría aplicar a los momentos felices. Si ampliamos nuestra mirada constantemente, las grandes alegrías de la vida también podrían volverse pequeñas e insignificantes. ¿Cómo reconciliamos esta pérdida? ¿Cómo podía Marco Aurelio disfrutar de los momentos felices y victoriosos si siempre se recordaba a sí mismo que todo era pasajero?

El truco está en saber cuándo cambiar de perspectiva. Para afrontar los obstáculos, es útil pensar en grande, recordar que todo pasará. Pero, para disfrutar de la vida, es necesario centrarse en el presente. Marco

Aurelio creía que el tiempo podía ser dividido en una infinidad de momentos, cada uno más pequeño que el anterior. La clave para disfrutar de la vida, según él, era concentrarse en esos pequeños momentos, sin perderse en el panorama general. Tal como uno no puede disfrutar de un libro si está pensando constantemente en su final, tampoco puede disfrutar de la vida si estamos obsesionados con lo que vendrá.

Por eso, la atención al presente es crucial para Marco Aurelio. Solo concentrándonos en el ahora podemos aprovechar al máximo cada momento. Aunque el pasado y el futuro existen, el presente es lo único que verdaderamente podemos tocar. La atención plena a cada instante es lo que transforma un momento cotidiano en una experiencia valiosa.

Esta atención no debe reservarse para los momentos especiales. Para Marco Aurelio, una puesta de sol o el sonido del viento merecían la misma dedicación que los eventos más significativos de la vida. Darle a cada momento la atención que merece es lo que eleva su importancia.

Marco Aurelio comprendía que el tiempo es como el agua: se nos escurre entre las manos. Sabía lo difícil que era aferrarse a él y volverlo lo suficientemente real para disfrutarlo. La atención, entonces, es la forma como podemos anclar el presente, haciendo que cada momento, por trivial que parezca, adquiera profundidad y significado. A través de esta atención, cada pequeño fragmento de tiempo puede convertirse en una experiencia rica y completa.

Justo el hecho de que todo sea efímero es lo que vuelve cada segundo tan valioso. El valor de una vida no se mide, según él, en años, sino en la intensidad con la que se viven los momentos. No importa si alguien vive cinco años o cincuenta; lo esencial es cuán profundamente vivió esos momentos.

Por eso, vivir plenamente no significa llenar cada instante de nuevas experiencias o buscar aventuras constantes. No se trata de viajar cada fin de semana ni de crear recuerdos extraordinarios. Para Marco Aurelio, vivir al máximo era prestar atención a cada fragmento de tiempo, convirtiéndolo en algo significativo. Así, aunque nuestras vidas sean como piedras arrastradas por el río del tiempo, podemos elegir nadar conscientemente en esa corriente y disfrutar el viaje.

«TODO PASA Y CON RAPIDEZ SE CONVIERTE EN LEYENDA, HASTA QUE LO CUBRE EL OLVIDO».

«POR LEY NATURAL TODO ESTÁ HECHO PARA CAMBIAR, ALTERARSE Y PERECER A FIN DE QUE NUEVAS COSAS PUEDAN LLEGAR A SER».

SOLO EL CAMBIO ES PERMANENTE

LECCIÓN 9

Marco Aurelio veía la vida como un ciclo eterno de cambios. Para él, todo estaba en constante transformación. Esta visión estaba profundamente influenciada por la cosmología estoica, que enseñaba que el universo había sido creado por un dios, al que a veces llamaban Zeus y otras veces simplemente «la naturaleza». Según esta cosmología, al principio de todo, el dios creador condensó un fuego divino en agua. Este líquido contenía todo lo que el mundo iba a ser y, tras una nueva transformación, una parte se convirtió en tierra y otra en aire. De este modo, con fuego, aire, tierra y agua se formó el mundo tal y como lo conocemos.

Aunque los detalles del mito de la creación variaban entre los filósofos estoicos, todos coincidían en que el universo seguía un ciclo eterno de destrucción y creación. Creían que, aunque el universo era eterno, no permanecía estático. El fuego primigenio crecía con el tiempo, desestabilizando el equilibrio cósmico, hasta que en un futuro lejano todo el universo ardería, regresando a su estado original. Luego, el ciclo comenzaría de nuevo.

Sin embargo, esta destrucción cósmica no debía preocupar a los humanos. Los ciclos de creación y destrucción duraban eones, fracciones de tiempo tan grandes que escapaban a nuestra comprensión. Los estoicos creían que varios de estos ciclos ya habían ocurrido, pero, debido a nuestra limitada forma de medir el tiempo en años y décadas, no éramos conscientes de ellos.

Aunque no podamos percibir estos ciclos cósmicos a gran escala, sí podemos verlos reflejados en nuestro mundo cotidiano. El cambio de estaciones, el paso del invierno a primavera, la formación de montañas y valles, e incluso las mareas, son versiones a menor escala del gran ciclo cósmico. Según Marco Aurelio, el universo sigue un ritmo constante: la oscilación eterna de la destrucción y la creación.

Más allá de ser una ley natural, esta dinámica de destrucción y creación es la base misma del cambio. Para que algo nuevo surja, algo previo debe transformarse. Cada acto de creación implica un acto de destrucción. La semilla se rompe para que crezca un árbol; el árbol se tala para crear leña; la leña se quema para encender fuego. En ese sentido, crear y destruir no son actos opuestos, sino dos caras de la misma moneda. Para Marco Aurelio, el cambio se da en la intersección de ambos, y comprender esta dinámica era clave para aceptar el flujo natural de la vida.

Esta visión le permitía al emperador ver el cambio como un proceso natural e inevitable. Las hojas que caen en otoño se convierten en nutrientes para los nuevos brotes de primavera. El agua que se evapora durante el día, vuelve como lluvia en la noche. El cambio no solo es una parte del funcionamiento del universo, es lo que permite que este siga funcionando.

Es esta lógica la que se aplica a los seres humanos. Como todo en la naturaleza, estamos sujetos a las mismas leyes. El cambio es una parte intrínseca de la vida: pasamos de la infancia a la adolescencia, y de la adultez a la vejez, dejando atrás lo que definía la etapa anterior para avanzar. Así como la leña debe quemarse para encender el fuego, también debemos abandonar parte de lo que fuimos para avanzar hacia lo que seremos.

Estos cambios suelen ser difíciles, especialmente porque muchas veces no los percibimos hasta que ya han ocurrido. Al igual que no podemos señalar el momento exacto en que un brote se convierte en árbol, tampoco podemos identificar cuándo exactamente dejamos la adolescencia para convertirnos en adultos. A menudo, nos damos cuenta de que hemos cambiado al mirar una foto antigua o al enfrentarnos a una nueva experiencia, como nuestra primera entrevista de trabajo. En ese momento, nos damos cuenta de que ya no somos quienes éramos.

El cambio, como el paso del día a la noche, puede tomarnos por sorpresa y evocar sentimientos encontrados. Recordamos nuestra infancia con nostalgia, en parte porque sabemos que no podemos regresar. Sin embargo, Marco Aurelio nos instaba a no atarnos al pasado. Aunque es natural lamentar lo que ha quedado atrás, aferrarnos a ello nos impide avanzar. Solo podemos movernos hacia adelante en el tiempo y nadie puede volver atrás. Aferrarse al pasado, además de ser imposible, es peligroso. Quien vive anclado en lo que fue no puede disfrutar plenamente de lo que tiene en el presente ni lo que vendrá en el futuro.

El cambio también trae incertidumbre, ya que nunca sabemos exactamente lo que el futuro nos depara. Avanzamos a ciegas y esto genera miedo. Solemos imaginar lo peor: cada entrevista de trabajo puede parecer el final de nuestra carrera antes de haber comenzado o el papeleo de impuestos al final del año puede parecer una pesadilla burocrática interminable. Si no imaginamos el peor escenario, creamos fantasías que rara vez coinciden con la realidad. La vida en solitario, que parecía emocionante en nuestra mente, se encuentra con las duras realidades de lavar platos y planificar comidas; estas decepciones generan frustración.

Así, el cambio nos enfrenta a dos grandes desafíos: nostalgia por lo que dejamos atrás y ansiedad por lo que no conocemos. Marco Aurelio nos recuerda que el cambio es inevitable y que lo mejor que podemos hacer es aceptarlo. No podemos evitar transformarnos, pero sí podemos influir en la dirección de ese cambio. No somos víctimas pasivas de nuestras propias transformaciones. Decidimos cómo cambiamos y esas decisiones definen en quiénes nos convertimos.

Aunque el cambio puede parecer desestabilizador, también es fuente de nuevas oportunidades. Ser siempre la misma persona resultaría tedioso, pero el cambio nos abre puertas a lo desconocido. No obstante, el constante cambio también plantea la pregunta de la identidad. Si cambiamos tanto, ¿cómo podemos mantener un sentido de continuidad? ¿Cómo sabemos quiénes somos cuando cada día somos diferentes?

Para Marco Aurelio, la respuesta era clara: seguimos siendo la misma esencia, aunque cambie nuestro exterior. Así como el árbol sigue siendo en esencia la semilla de la que proviene, nosotros seguimos siendo las versiones anteriores de nosotros mismos, aunque hayamos cambiado con el tiempo.

El cambio, entonces, no es una extinción, sino una metamorfosis. No debemos temer perder quiénes éramos, porque todo lo que hemos sido sigue formando parte de quiénes somos. Nuestras decisiones diarias definen en qué nos convertimos y Marco Aurelio nos anima a abrazar este proceso, porque, si bien no podemos evitar cambiar, podemos decidir cómo lo hacemos.

Para él, el cambio era simplemente un hecho más del mundo en el que vivimos. Aceptar esa realidad nos coloca en armonía con el universo, permitiéndonos vivir al ritmo del eterno vaivén de la creación y la destrucción.

«TÚ MISMO NO DEJAS DE CAMBIAR Y, EN CIERTO MODO, DE DESTRUIRTE. IGUAL TODO EL UNIVERSO».

«ACTÚA, HABLA Y PIENSA COMO SI FUERAS A ABANDONAR LA VIDA EN CUALQUIER MOMENTO».

TODO TIENE SU FINAL

LECCIÓN 10

El reinado de Marco Aurelio tomó lugar, más que en opulentos palacios y soleadas terrazas, en carpas de guerra y campos de batalla. Aunque su tiempo al mando del Imperio romano se considera como los últimos años de una rara edad dorada, la llamada *Pax Romana*, no estuvo exento de conflictos. Desde que asumió el cargo de emperador de Roma a los 39 años hasta su muerte, 19 años después, enfrentó invasiones extranjeras y una rebelión interna, lo que lo obligó a pasar gran parte de su vida en campañas militares, en contacto con la muerte. Este encuentro cercano con la mortalidad se hizo más palpable cuando presenció la muerte de su hermano adoptivo, Lucio Vero, quien falleció junto a Marco Aurelio mientras viajaban juntos en un carruaje.

No es sorprendente, por eso, que la muerte fuera una sombra constante en las reflexiones del emperador, tal como se muestra en sus *Meditaciones*. Marco Aurelio se esforzaba por tener siempre presente la fragilidad de la vida, recordándose a sí mismo que la muerte podía estar esperándolo a la vuelta de cualquier esquina. A simple vista, esto puede sonar algo extraño: ¿quién querría contemplar su propio final con regularidad? ¿Por qué hacer un esfuerzo por no olvidar que nuestra existencia tiene fecha de caducidad, en especial cuando su vida estaba marcada por peligros reales y amenazas constantes?

Para el emperador filósofo, la contemplación de la muerte no era un ejercicio morboso, sino una forma de dar valor a cada momento. Recordarse constantemente que la vida era finita le permitía aprovechar cada día, vivir con urgencia y valorar el tiempo, sin postergar su crecimiento personal. Según la mitología griega, las *moiras* —Cloto, Láquesis y Átropos— decidían el destino de cada ser humano. Eran la personificación tripartita del destino: Cloto hilaba el hilo de la vida, Láquesis media su longitud y, eventualmente, Átropos cortaba el hilo con sus tijeras. Marco Aurelio se esforzaba por imaginar el brillo de las tijeras de Átropos, siempre cerca, preparado para cortar su hilo en cualquier momento. Este pensamiento no lo paralizaba, sino que lo impulsaba a actuar con determinación, a no posponer proyectos ni su mejora como ser humano, ya que ningún mañana estaba garantizado. La conciencia de la muerte, paradójicamente, era lo que lo motivaba a vivir con plenitud.

El emperador también sabía que no solo su vida estaba en manos del destino, sino que todo en el universo tiene un final. Desde los más diminutos insectos hasta las estrellas más brillantes, todo tiene un ciclo de vida que inevitablemente llegará a su fin. Pero, lejos de verlo como trágico, Marco Aurelio encontraba consuelo en la impermanencia o transitoriedad. Para él, era precisamente la temporalidad de las cosas lo que les daba su valor. Así como el hecho de que la fruta se pudra le da más valor al durazno maduro, la certeza de la muerte hacía que la vida fuera más dulce y valiosa.

Pero ¿por qué no podemos simplemente disfrutar de la vida sin pensar constantemente en su final? ¿No sería más saludable centrarse en disfrutar el presente sin tener que pensar también en que todo acabará

«TERMINA TU VIDA SATISFECHO: IGUAL QUE LA ACEITUNA QUE, UNA VEZ MADURA, CAE, HACIENDO ASÍ UN BIEN A LA TIERRA QUE LA PRODUJO Y SIENDO AGRADECIDA AL ÁRBOL QUE LA HIZO CRECER».

algún día? Para Marco Aurelio, el problema con esta forma de afrontar la vida yace en la rutina y en el tedio de la vida diaria. Las obligaciones y tareas cotidianas —trabajar, estudiar, hacer las compras, limpiar— pueden nublar nuestra percepción del tiempo. Nos sumergimos tanto en estos quehaceres que empezamos a perder la noción de que cada momento tiene un valor único e irrepetible. A medida que seguimos apilando responsabilidades, el final de nuestras vidas parece cada vez más lejano, un horizonte remoto, mientras que las preocupaciones diarias demandan nuestra atención constante.

Por ello, él sostenía que necesitábamos algo más poderoso que una simple reflexión ocasional para mantener viva la conciencia de la muerte. Necesitamos de una técnica lo suficientemente poderosa para derrumbar la muralla de la rutina, que nos devolviera la perspectiva de lo efímero que es todo. La muerte, afirmaba, no nos espera con paciencia al final de un largo viaje; camina junto a nosotros en cada paso. En cualquier momento puede tomarnos de la mano y llevarnos fuera de la vida.

Mantener la muerte en mente no es tan simple como repetir frente al espejo que todos vamos a morir. No basta con volver esta idea parte de la rutina diaria, como si fuera una tarea más que realizamos automáticamente. Hacerlo así solo diluiría su impacto, convirtiéndola en un bloque más en la larga lista de quehaceres que nubla nuestra visión. Para que esta conciencia tenga verdadero significado, debemos reconocer la profundidad de la idea y confrontarla de manera consciente y reflexiva, sin trivializarla.

Para el emperador, este ejercicio de recordar demandaba usar el poder de la imaginación para convertir esa verdad abstracta en algo tangible y real. Marco Aurelio no se decía simplemente a sí mismo que iba a morir, sino que se imaginaba a los grandes hombres del pasado —filósofos, emperadores y héroes— y se recordaba que, sin importar su poder o fama, todos habían encontrado el mismo final. Esta visualización concreta le ayudaba a entender que, al igual que a ellos, su tiempo llegaría también.

Pero no se detenía ahí. Para profundizar su conciencia, Marco Aurelio imaginaba la muerte de personas cercanas a él: sus consejeros, maestros, amigos e incluso su familia. Al hacerlo, el ejercicio se volvía más emotivo y personal, forzando su mente a confrontar la fragilidad de todo lo que amaba. Estos pensamientos no eran meramente sombríos, sino que le proporcionaban una sacudida emocional lo suficientemente fuerte como para romper la anestesia que provocan las rutinas diarias y devolverle una perspectiva más clara de valor del presente.

Si bien estas prácticas pueden parecer dramáticas, él no las veía como un ejercicio de desesperanza, sino como una manera de vivir con mayor intensidad. Solo con reconocer la proximidad de la muerte podía uno empezar a valorar el momento y vivir a plenitud. Sin cruzar el «puente de la muerte», como él lo llamaba, era imposible apreciar verdaderamente la vida. El objetivo, entonces, no era quedarse en la contemplación de la muerte, sino usarla como recordatorio para una vida más consciente y agradecida.

Según Marco Aurelio y los estoicos, todos somos parte de un ciclo universal donde todo, desde la hormiga más pequeña hasta la estrella más distante, está destinado a perecer. Esta visión estoica de la muerte, aunque desafiante, pudo haber sido un poco más fácil de aceptar para Marco Aurelio debido a su creencia en la existencia de un alma que trasciende el cuerpo físico. Como los estoicos, el emperador pensaba que, aunque el cuerpo pereciera, una parte de nosotros permanecía en la materia del universo, conectada con el ciclo eterno de transformación.

Hoy en día, muchas personas encuentran consuelo en creencias similares: en la idea de un alma inmortal o de una vida más allá de la muerte. Estas creencias hacen que la idea de la muerte sea más soportable. Sin embargo, el emperador, incluso en sus momentos de duda, recurría a otras estrategias para reconciliarse con la muerte. Cuando los argumentos filosóficos fallaban en tranquilizarlo, pensaba en los aspectos negativos de la vida misma. Se recordaba que, aunque la vida tenía momentos hermosos, también estaba llena de frustraciones, injusticias y sufrimiento. ¿Qué tan malo podría ser el fin si, al menos, nos libraba de esas cargas?

A veces, recurría a pensamientos más sencillos y pragmáticos. Si la muerte representaba el fin de todas las preocupaciones, entonces también era un descanso. En sus días más difíciles, veía la muerte como un escape de la constante presión de ser emperador, de las exigencias del poder y del peso de liderar un asediado imperio. En ese sentido, es comprensible que a veces sus pensamientos sobre la muerte no fueran puramente filosóficos o elevados. Sin embargo, más que debilidades, estos momentos muestran lo difícil que es, incluso para alguien tan disciplinado, aceptar la inevitabilidad de la muerte. Si Marco Aurelio, quien dedicó su vida al estudio y práctica del estoicismo, luchaba con estas ideas, es natural que nosotros también lo hagamos.

Pero, aunque no es fácil, tampoco es imposible. Su verdadero mensaje es que la muerte es natural. Resistirse a ella es como detener al sol, a la lluvia o a la rotación de la Tierra. Aceptarla, en cambio, nos permite vivir con mayor libertad y aprecio por cada instante de la vida. Y si alguna vez necesitamos un empujón para reconciliarnos con esa idea, siempre podemos recordar, como lo hacía el emperador, que la muerte nos libera del ineludible trabajo del lunes por la mañana.

«LA PERFECCIÓN MORAL CONSISTE EN VIVIR CADA DÍA COMO SI FUERA EL ÚLTIMO».

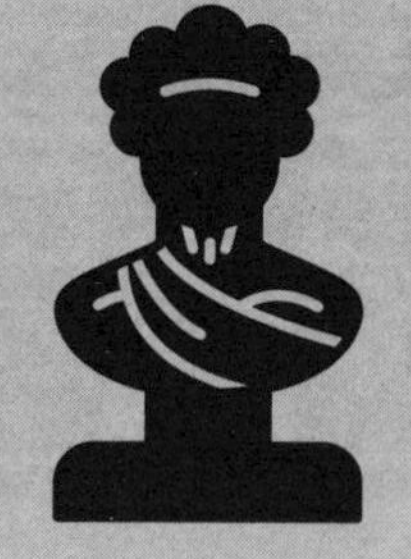

«DATE CUENTA YA DE UNA VEZ DE QUE TIENES EN TU INTERIOR ALGO MÁS PODEROSO Y DIVINO QUE LAS COSAS QUE PROVOCAN TU PASIÓN Y TE MANEJAN COMO SI FUERAS UN TÍTERE».

CONTRA LA PASIÓN

LECCIÓN 11

Uno de los preceptos más difíciles de seguir de la filosofía estoica, y con el que el propio Marco Aurelio parece haber luchado, es la eliminación de las emociones. En su constante búsqueda de autonomía y la autosuficiencia, los estoicos sostenían que los sentimientos como la cólera, la ira, la frustración, la tristeza e incluso la alegría comprometían la ecuanimidad que consideraban clave para vivir bien.

No estaban del todo equivocados. Las emociones pueden desestabilizarnos hasta el punto de hacernos perder el control. De ahí que hablemos de «arrebatos» de celos y «ataques» de ira para describir esos momentos en los que las emociones nos sacuden con tanta fuerza que parece que toman el control sobre nosotros. Incluso las positivas, como la risa, pueden llegar a ser tan intensas que resulten incómodas. Frases como «morir de risa» revelan esta naturaleza paradójica en la que algo placentero puede transformarse en incomodidad e incluso dolor.

Nuestro lenguaje refleja cómo las emociones pueden llegar a ser perturbadoras. Sentimos que perdemos nuestra capacidad de pensar racionalmente cuando somos invadidos por la cólera o la euforia y nos comportamos de maneras impulsivas, como si fuéramos, en palabras de Marco Aurelio, «títeres de nuestras pasiones».

Todos hemos experimentado momentos así. Cuando algo es extremadamente gracioso, el cuerpo responde de manera involuntaria: caemos al suelo, lloramos de risa o incluso nos duele el estómago por la intensidad. Lo que comienza como algo placentero se convierte en descontrol físico. Con emociones como la ira y los celos, sucede algo similar. Cuando estamos enfadados, es difícil pensar con claridad. Bajo el influjo del enojo, solemos decir cosas de las que después nos arrepentimos. A menudo, expresamos pensamientos que no reflejan lo que realmente sentimos, como cuando alguien grita que odia a un ser querido, para luego disculparse tras recuperar la calma.

El amor tampoco escapa a este fenómeno. Se dice que es ciego, y bajo su influencia actuamos de forma irracional. Nos lleva a idealizar a la persona amada y a realizar actos que normalmente no haríamos, impulsándonos a comportarnos fuera de nuestro carácter. Sin embargo, este poder del amor no siempre es negativo. Puede inspirar a las personas tímidas a declarar su amor o motivar hazañas asombrosas, como una madre que levanta un auto para salvar la vida de sus hijos. La capacidad sobrehumana que el amor a veces despierta es citada frecuentemente como prueba de su fuerza.

Sin embargo, aunque el amor puede sacar lo mejor de nosotros, también puede alimentar el comportamiento más oscuro. Las emociones que derivan del amor pueden convertirse en celos destructivos o en una posesividad peligrosa. Al igual que es el motor detrás de los actos heroicos, el amor también ha sido citado como la causa de crímenes atroces. Muchas personas justifican sus peores acciones señalando un amor que se ha vuelto amargo.

«UNO LES PIDE: 'QUE CONSIGA A ESA MUJER'. PERO TÚ DICES: 'QUE NO DESEE CONSEGUIRLA'. OTRO: 'QUE ME LIBRE DE ESE IMPORTUNO'. Y TÚ: 'QUE NO NECESITE LIBRARME DE ÉL'. Y OTRO: 'QUE NO PIERDA A MI HIJO'. TÚ: 'QUE NO TIEMBLE POR LA IDEA DE PERDERLO'. EN SUMA, CAMBIA TUS RUEGOS Y OBSERVA LOS RESULTADOS».

Así pues, los estoicos tenían razones para desconfiar de las emociones. Cuando una emoción es lo suficientemente intensa, puede arrebatarnos las riendas de nuestro propio cuerpo y de nuestra propia mente. Puede hacernos sentir que no somos nosotros quienes actuamos en esos momentos de pasión y locura, y esto es exactamente contra lo que los estoicos y Marco Aurelio luchaban. Su filosofía estaba dedicada al autocontrol y la autonomía. Las emociones eran completamente anatema a este proyecto.

Por eso, los estoicos proponían la eliminación de las emociones, lo cual suena bastante extremo. Después de todo, no siempre que experimentamos una emoción nos desbordamos por completo. La mayoría de personas sabe controlar sus reacciones. Entonces, ¿por qué no abogar simplemente por el control de las emociones, en lugar de su completa eliminación?

Para los estoicos, controlar o dominar las emociones era insuficiente, ya que las personas seguían siendo vulnerables a los arrebatos de pasión. Sentir emociones, afirmaban, era comparable a correr: por más que uno trate de frenar, la inercia puede más. Bajo este concepto, incluso una pequeña alegría podría degenerar una euforia desenfrenada. Por eso, en lugar de caminar cautelosamente por el mundo emocional, los estoicos preferían no correr el riesgo y recomendaban eliminarlo por completo.

Esto es mucho más fácil de decir que de hacer. Los estoicos no proponían reprimir las emociones después de sentirlas, sino lograr que estas nunca llegaran a surgir. Esto requería reconfigurar la manera en que percibimos el mundo. Para Marco Aurelio, las emociones no eran solo reacciones instintivas, sino manifestaciones de nuestras creencias y juicios. La razón por la que me enojo cuando me entero de que alguien ha hablado mal de mí es porque valoro la opinión de los demás y la impresión que tienen de mí. Mi ira nace, consecuentemente, porque siento que esta opinión ha sido dañada.

La perspectiva estoica insta a cambiar estas creencias para que las emociones simplemente no surjan. Si aceptamos que la opinión de los demás no afecta nuestro valor como personas, entonces, no habrá razón para enojarse cuando hablen mal de nosotros. Este enfoque no apaga el fuego de las emociones, lo evita por completo al no permitir que la chispa siquiera se encienda; y es que las emociones no son meras reacciones automáticas, los estoicos señalan que estas revelan mucho sobre lo que valoramos.

Este cambio de perspectiva tiene profundas implicaciones. Si el valor de la opinión de los demás se elimina para evitar la ira, también se eliminará el orgullo que surge cuando esta opinión es positiva. Así, la filosofía estoica aboga no solo por deshacerse de las emociones negativas, sino de todas las emociones. Esta pérdida es lo que hace que el estoicismo sea difícil de aceptar para muchas personas.

El amor también es visto con escepticismo. Para los estoicos, el amor conlleva peligro porque da paso a los celos, la ira y la tristeza. Si alguien a quien amamos muere o nos deja, sentimos una profunda tristeza porque creíamos que esa persona era única e irremplazable. Entonces, para evitar este dolor, los estoicos nos exhortan a recordar que, en esencia, nadie es especial. La importancia que les otorgamos es solo una construcción basada en nuestra percepción afectiva.

Para los estoicos, las personas no tienen valor intrínseco. Si cambiamos nuestra perspectiva y aceptamos que nadie es irremplazable, podremos evitar el dolor y las emociones intensas que surgen cuando perdemos a alguien. Así, nos resguardamos de los embates emocionales que podrían sacudir nuestra ecuanimidad.

El enfoque estoico sobre las emociones supone un cambio radical en la forma en que percibimos el mundo y las relaciones. No se trata de aprender técnicas de autocontrol, sino que exige transformar nuestros valores más profundos. Solo así podremos alcanzar la imperturbabilidad del promontorio que resiste el embate de las olas, según los principios de esta filosofía.

Sin embargo, este ideal tiene un alto precio. No todos estamos dispuestos a sacrificar el amor para evitar la ira. Incluso el propio Marco Aurelio parece no haber seguido este precepto con total rigor. Aunque creía que las emociones intensas podían nublar el juicio, sus escritos no insisten en la eliminación total de las emociones como un imperativo central.

Aun así, la filosofía estoica ofrece valiosas lecciones. Nos recuerda que las emociones no son meras reacciones automáticas, sino que nos revelan mucho sobre lo que valoramos. Al sostener que nuestras reacciones emocionales dependen de nuestras creencias y opiniones, los estoicos nos brindan una herramienta para comprender mejor qué nos importa verdaderamente.

La próxima vez que nos sintamos enojados, vale la pena reflexionar sobre qué creencias están detrás de esa emoción. Al igual que cuando sentimos celos, envidia o incluso mucha alegría, podemos detenernos a examinar qué juicios subyacen a esos sentimientos. Puede que descubramos que nuestra percepción estaba equivocada o que realmente ese asunto no debería ser tan importante para nosotros.

O tal vez no. Tal vez decidamos que lo que sentimos es justificado, que hay algo valioso que proteger o mejorar. La cuestión es que, gracias a los estoicos, tenemos la posibilidad de usar nuestras emociones como un mapa para entender mejor nuestras prioridades y valores.

Aunque el emperador filósofo aconsejaría que el siguiente paso es enfocarnos únicamente en el bien moral, la responsabilidad de decidir qué es importante en nuestra vida recae en cada uno de nosotros. La filosofía estoica nos ofrece un punto de partida para hacer esa reflexión, ayudándonos a navegar las olas de la vida con más serenidad y autoconocimiento.

«CUANTO MENOS APASIONADA ES SU CONDUCTA MÁS FUERTE ES. IGUAL QUE LA AFLICCIÓN DEMUESTRA DEBILIDAD, LO MISMO LA CÓLERA: AMBAS HIEREN Y DESESTABILIZAN».

«EXAMINA LOS PRINCIPIOS QUE GUÍAN A LOS SABIOS Y DESCUBRE QUÉ EVITAN Y QUÉ PERSIGUEN».

MODELOS A SEGUIR

LECCIÓN 12

«No hay que olvidar de dónde venimos» parece haber sido lo que tenía en mente Marco Aurelio cuando empezó a escribir sus *Meditaciones*. Antes de adentrarse en profundas reflexiones sobre cómo vivir, el emperador se toma un tiempo para agradecer a las personas que moldearon su carácter. En el primer libro, hace una lista de maestros, familiares, figuras de renombre y hasta personajes de leyenda que influyeron en su vida, de quienes reconoce el rol fundamental que cada uno jugó en su formación. Este acto, por sí solo, revela la importancia que él otorgaba a los ejemplos y modelos de vida.

Basta con echar una mirada rápida a este pasaje para notar lo afortunado que fue el emperador al rodearse de personas sabias y virtuosas: filósofos, maestros particulares y líderes del pasado, todos le dejaron una huella. Pero más allá de su erudición, lo que Marco Aurelio más apreciaba de ellos era que le enseñaron cómo vivir a través de su ejemplo. Para él, tener una guía moral sólida era esencial para desarrollar una buena vida.

Dedicó su vida a buscar la mejor manera de existir, de una forma virtuosa que honrara los valores que él tanto apreciaba: la valentía, la empatía, la generosidad, la justicia, entre otras. Sin embargo, como él mismo sabía, estos valores no eran solo conceptos abstractos que uno podía aprender de los libros. Al contrario, adquirir un conocimiento profundo sobre cómo ser valiente o empático implicaba contar con ejemplos concretos que mostraran cómo se ejercían estas virtudes en la práctica. Después de todo, es más fácil reconocer una flor si ya la has visto antes, aunque en teoría sepas qué es una flor. No basta con conocer las definiciones y poder explicarlas, la vida práctica, el desempeño personal, es lo que dará cuenta de cuán incorporado está el concepto.

Muchas veces aceptamos ciertas conductas o acciones como valiosas sin cuestionarlas a fondo.

Hoy esta visión sobre la importancia de los ejemplos es más relevante que nunca. En nuestra vida moderna, palabras como *honor*, *valentía* o *sabiduría* pueden parecer obsoletas, reliquias del pasado. Hoy, los medios de comunicación y las redes sociales rara vez nos ofrecen ejemplos de cómo estas virtudes pueden manifestarse en el día a día. Sin embargo, la falta de grandes héroes no significa que no tengamos acceso a estas virtudes. Son los pequeños actos de valentía y generosidad que ocurren en nuestra cotidianidad los que nos enseñan qué significan realmente estos valores.

Por lo tanto, debemos ser conscientes de a quiénes elegimos como modelos. No se trata solo de imitar el estilo de vida de una celebridad o seguir los pasos de un amigo admirado. Para Marco Aurelio, estos ejemplos que elegimos tienen un peso enorme en la forma en que construimos nuestra percepción del bien y del mal. Elegir un modelo equivocado puede tener consecuencias negativas en nuestra manera de ver y actuar en el mundo.

Además, es esencial revisar los ejemplos que hemos tomado como referencia. Muchas veces aceptamos ciertas conductas o acciones como valiosas sin cuestionarlas a fondo. Por ejemplo, un error común

«RECUERDA QUE CAMBIAR DE CAMINO, SEGUIR A QUIEN TE COLOCA EN LA DIRECCIÓN CORRECTA, NO SIGNIFICA PERDER LIBERTAD: CAMBIAR ES UNA ACCIÓN TUYA, QUE PRECISA TU IMPULSO, TU DECISIÓN Y TAMBIÉN TU INTELIGENCIA».

es confundir la valentía con temeridad, cuando en realidad son cualidades muy distintas. La valentía involucra el reconocimiento consciente del riesgo y una respuesta controlada al peligro. Un bombero que ingresa a un edificio en llamas lo hace con un plan claro, con entrenamiento y equipo adecuado, para minimizar el riesgo y maximizar las posibilidades de éxito. Mientras que lanzarse a un incendio sin conocimiento ni preparación, guiado por la adrenalina, es un acto de temeridad. Este tipo de acción no solo pone en peligro a quien se lanza al incendio, sino que también puede complicar el trabajo de quienes están preparados para manejar la situación, como los bomberos. La temeridad, al contrario de la valentía, surge del impulso y falta de reflexión sobre las consecuencias. Del mismo modo es fácil confundir la generosidad con el sacrificio desmedido. Compartir nuestro almuerzo con un amigo es un acto generoso, pero darle toda nuestra comida a costa de nuestra propia salud no solo pone en riesgo nuestro bienestar personal, sino que también nos impide seguir ayudando a los demás de manera sostenida en el futuro. La generosidad busca el equilibrio entre dar y mantener nuestra propia estabilidad, mientras que el sacrificio excesivo puede llevar a un agotamiento que no beneficia ni a quien da ni a quien recibe. Por eso, es importante evaluar constantemente nuestros ejemplos y modelos para asegurarnos de que realmente representan los valores que rigen nuestras acciones y queremos cultivar en nuestra vida.

En ese sentido, Marco Aurelio nos invita a mantener una mentalidad abierta a la hora de buscar ejemplos. No debemos limitarnos a admirar a filósofos o emperadores. La sabiduría puede encontrarse en un abuelo, la valentía en un niño pequeño y la generosidad en un amigo. Los valores que queremos seguir se manifiestan de formas variadas y en diferentes personas, sin importar su estatus u ocupación.

El emperador aprendió esto de manera directa. A lo largo de sus *Meditaciones*, menciona a una gran variedad de personas de quienes aprendió algo significativo, desde su madre, quien le enseñó a ser piadoso y observar los rituales religiosos, hasta su maestro, Junio Rústico, de quien aprendió la importancia de corregir el carácter. De su abuelo aprendió a ser bondadoso y sereno. Del filósofo Catulo, cómo amar bien a sus hijos. Cada persona con la que tuvo contacto le enseñó algo valioso, independientemente de su edad, profesión o cercanía.

Esto nos lleva a una lección clave del estoicismo: siempre estamos aprendiendo de los demás. Porque el acto de vivir es, a la vez, una acción muy simple y tremendamente compleja; para Marco Aurelio, vivir bien no era algo que se pudiera hacer en solitario. Todos necesitamos guías que nos orienten en el camino. La vida está llena de incertidumbre, de primeras experiencias confusas que no sabemos cómo manejar. Nadie nace sabiendo cómo amar, cómo forjar amistades duraderas o cómo enfrentarse a una pérdida. Es por medio de la experiencia y de los ejemplos que tomamos que podemos aprender a navegar estos desafíos.

«Pararse sobre hombros de gigantes» es una buena metáfora que encierra siglos de sabiduría. Esta frase, popularizada por Isaac Newton en el siglo XVII, sigue resonando hasta hoy. Hace referencia a la valoración del conocimiento previo ante cada avance de la humanidad. Los logros de hoy se basan en lo construido por quienes vinieron antes que nosotros. Esta acumulación de conocimiento trasciende a la ciencia y alcanza todos los ámbitos de nuestra vida. Nos apoyamos en el conocimiento, la experiencia y los ejemplos de quienes nos precedieron y nos permiten ver más lejos.

También es un llamado a la humildad. La vida está llena de maestros, tanto las grandes figuras históricas hasta personas cercanas que nos brindan lecciones y ejemplos a seguir. Aprender a escuchar y valorar lo que las personas a nuestro alrededor nos pueden enseñar es de una enorme importancia si queremos aprender a vivir bien. Marco Aurelio, en sus escritos, nos recuerda la importancia de agradecer y reconocer a quienes nos allanaron el camino, no solo por medio de sus enseñanzas, sino también mediante su ejemplo de actuación, que nos sirven de inspiración y nos fortalecen para seguir adelante.

«NO PUEDES ENSEÑAR A LEER Y ESCRIBIR SI NADIE TE HA ENSEÑADO PRIMERO. CON LA VIDA ES AÚN MÁS EVIDENTE».

«LOS HOMBRES EXISTEN
UNOS POR OTROS:
INSTRÚYELOS
O SOPÓRTALOS».

LA HERMANDAD RACIONAL

LECCIÓN 13

El emperador de Roma empezaba cada mañana con un recordatorio simple pero efectivo: hoy, al igual que ayer, me encontraré con cretinos. Aunque pueda parecer un pensamiento desalentador para iniciar el día, surge la pregunta: ¿por qué no enfocarse en lo positivo que le podrían traer las próximas 24 horas, como tantas prácticas modernas sugieren? ¿No sería mejor reunir el ánimo necesario pensando en los placeres que le aguardaban, como el desayuno? Entonces, ¿por qué Marco Aurelio, en lugar de anticipar algo agradable, prefería recordarse la inevitabilidad de cruzarse con alguien necio?

Para el emperador filósofo, la importancia de este lema radicaba en una lección clave: por más que fuera cierto que encontraría personas ingratas, tercas o difíciles, igual era cierto que seguían siendo seres humanos y, por lo tanto, sus hermanos.

La filosofía estoica tenía una concepción estricta sobre la organización del universo y el orden de sus criaturas. Según los estoicos, los seres humanos ocupan un lugar privilegiado en el mundo, ya que son los únicos seres vivos capaces de razonar. Esta habilidad no solo los distingue del resto de los habitantes de la Tierra, como las plantas y los animales, sino también une a todas las personas en una sola hermandad, definida por su capacidad única de reflexionar. Para Marco Aurelio, la razón era un regalo divino, y respetar a quien la poseía era una obligación ineludible.

Para Marco Aurelio, quien erraba o pensaba diferente lo hacía por ignorancia.

Como emperador, lidiaba diariamente con senadores, disidentes y consejeros políticos, cada uno con su propia opinión y manera de ver las cosas. Tenía que navegar estas situaciones con paciencia y ecuanimidad. No podía permitirse frustrarse cada vez que alguno de sus funcionarios cometía un error o cuando un senador lo contradecía en el foro público. Por eso se recordaba constantemente una verdad fundamental: por mal que alguien se comportara, seguía siendo un ser humano. Este pensamiento le permitía abordar los errores, las opiniones distintas y el mal comportamiento de quienes lo rodeaban con compasión, pues no veía sus acciones como malicia deliberada, sino como fallos en su razonamiento.

Para Marco Aurelio, quien erraba o pensaba diferente lo hacía por ignorancia. El ingrato, el necio, el adversario político: todos sufrían de una visión nublada. No eran malos, simplemente no distinguían entre el bien y el mal, la virtud y el vicio, la verdad y la mentira. Eran culpables de una falta de discernimiento, no de tener un mal corazón. Según las enseñanzas estoicas, nadie busca el mal de manera voluntaria; quien actúa erróneamente lo hace porque, en algún punto, su razonamiento se ha torcido y cree honestamente que está haciendo lo correcto. Por ello, no hay que condenarlo ni etiquetarlo de «malo por naturaleza», sino ayudarlo a ver el error en su lógica y volver al camino del bien. Si alguien se toma el tiempo para instruirlo, mostrarle los errores en su juicio y despejar el velo que oscurece su entendimiento, su comportamiento podría cambiar

«AL DESPERTAR PIENSA ESTO: HOY ME LAS VERÉ CON UN INDISCRETO, UN DESAGRADECIDO, UN INSOLENTE, UN TRAIDOR, UN ENVIDIOSO Y UN EGOÍSTA. SON ASÍ PORQUE NO SABEN QUÉ ES EL BIEN O EL MAL».

dado que todos los seres humanos somos capaces de razonar, aunque tal vez no siempre hagamos buen uso de ese don.

No es de extrañar que Marco Aurelio tuviera que esforzarse tanto para mantener este noble ideal en mente, repitiendo sus principios estoicos como una letanía diaria. Rodeado de adversarios políticos y responsable de mantener girando la máquina política, administrativa y militar de uno de los imperios más grandes y poderosos de la historia, se enfrentaba constantemente a una multitud de opiniones divergentes y a problemas que iban desde pequeños errores hasta grandes catástrofes causadas por la incompetencia de algún funcionario. No es fácil recordar que todos somos parte de la misma hermandad cuando esta es tu rutina diaria.

Sin embargo, no es necesario ser el emperador de Roma para entender lo difícil que es creer en la capacidad de razonamiento de los demás. Lidiar con personas que piensan diferente puede ser muy frustrante. Desde la perspectiva estoica, quien votó por un partido que uno no soporta sigue siendo parte de la misma hermandad humana y no merece nuestro desdén, sino nuestro entendimiento. Del mismo modo, para Marco Aurelio, el conductor que se pasó el semáforo en rojo también es capaz de razonar. En lugar de insultarlo, deberíamos explicarle con calma por qué estuvo mal lo que hizo.

Esto, sin duda, no es fácil de lograr. En un mundo donde es común tachar a quienes piensan diferente de «tontos» o «incapaces», es difícil verlos como iguales. A menudo, los tratamos como si pertenecieran a otra especie y nos disgusta reconocer que tenemos algo en común con ellos. Pero la filosofía de Marco Aurelio se opone a este rechazo instintivo hacia el otro. Nos recuerda que lo que compartimos con quienes piensan diferente es, precisamente, nuestra capacidad de pensar. Y dado que todos podemos razonar, también podemos, en teoría, llegar a un acuerdo.

No solo es posible, sino que es un deber. Para él, corregir a quienes estaban equivocados no era opcional. Así como no dejaríamos a una persona caminar hacia un abismo sin advertirle, tampoco podía él permitir que sus adversarios vivieran sin el correcto uso de la razón.

Sin embargo, lograr esto requiere una actitud muy particular. Convencer a alguien de que está equivocado en temas tan sensibles como la política, la cultura o la vida en general demanda paciencia, respeto y empatía. No se puede persuadir a alguien mientras se le desprecia o se le trata como un incapaz. Una conversación en la que uno se coloca en una posición de superioridad moral rara vez avanza.

Aunque Marco Aurelio fue emperador, con un poder inimaginable hoy en día, él también tenía que convencer, persuadir y demostrar que sus decisiones eran correctas. Y solo podía lograrlo si trataba a sus oponentes con respeto y los consideraba sus iguales. Sabía que un nivel adecuado de retórica y emoción era esencial para ser convincente, pero, como buen estoico, sabía usar la pasión sin caer en la manipulación o la superficialidad.

El tipo de diálogo que él promovía nacía de un deseo genuino de ayudar al otro, no de manipular o imponer. Guiar a alguien en el camino correcto no debe verse como el trabajo de un pastor con su rebaño, sino como el respeto por la capacidad de reflexión del otro. Tratarlo como un ser inteligente es parte de honrar esa facultad.

No obstante, pretender convencer a todos de esta manera es, sin duda, una aspiración noble, pero hoy en día sabemos que es mucho más difícil de lo que Marco Aurelio podría haber imaginado. Los avances en psicología nos han demostrado que nuestras opiniones no están formadas únicamente por la razón. También están influidas por deseos, creencias, contextos personales y muchos factores inconscientes. Sabemos que no siempre basta con apelar a la lógica para cambiar una perspectiva.

Por eso, aunque no siempre lograremos consenso apelando solo a la razón, la lección de Marco Aurelio sigue siendo relevante. Hoy tenemos más herramientas para entender los factores que influyen en nuestras opiniones y comportamientos, y eso nos prepara mejor para intentar persuadir a los demás de manera efectiva.

Además, es necesario recordar que, así como todos somos capaces de razonar, también lo somos de equivocarnos. Por eso debemos estar abiertos a escuchar, siempre que la crítica venga de un lugar honesto y constructivo. La capacidad de razonar nos une, pero también nos hace susceptibles de equivocarnos.

La lección que nos deja el emperador de Roma es valiosa y, hoy en día, más necesaria que nunca. En un mundo cada vez más polarizado, recordar que detrás de quienes piensan diferente hay seres humanos que comparten con nosotros aquello que nos vuelve únicos es un llamado a la empatía, la escucha mutua y el diálogo honesto.

El compromiso que Marco Aurelio mantuvo a lo largo de su vida con sus conciudadanos refleja una profunda fe en la capacidad de razonamiento de las personas. Si el emperador de Roma, rodeado constantemente por necios, ingratos e ignorantes, podía enfocarse en lo que lo unía a cada uno de ellos, en lugar de en lo que los separaba, tal vez no sea imposible para nosotros hacer lo mismo.

«CUANDO ALGUIEN COMETA UNA FALTA CONTRA TI, CONSIDERA ENSEGUIDA QUÉ OPINIÓN SOBRE EL BIEN O EL MAL LE HA LLEVADO A ELLO. CUANDO HAYAS VISTO LA CAUSA, LE COMPADECERÁS Y NO EXPERIMENTARÁS NI SORPRESA NI CÓLERA».

«LO QUE NO BENEFICIA A LA COLMENA, TAMPOCO BENEFICIA A LA ABEJA».

TODOS PARA UNO Y UNO PARA TODOS

LECCIÓN 14

A primera vista, la filosofía de Marco Aurelio puede parecer individualista, ya que su principal preocupación era su desarrollo personal: la actualización de virtudes como la valentía, la sabiduría y la paciencia, con el objetivo de volverse mejor cada día. Este esfuerzo, sin duda, es un proyecto personal, enfocado hacia el propio individuo. Sin embargo, es importante recordar que él no solo era filósofo, también era el emperador de Roma, y la dimensión social nunca estaba lejos de su mente.

Como líder, estaba al mando de innumerables personas y de lo que ellas representaban como colectivo: la comunidad, la sociedad y el imperio romano. Marco Aurelio cargaba con la responsabilidad de asegurar la prosperidad del imperio, buscar su mejora y cumplir con las promesas de su futuro. Sus pensamientos no se limitaban a la esfera personal, sino que abarcaban todo el imperio y a cada uno de sus compatriotas.

Desde pequeño, fue preparado por un sinfín de maestros para asumir el rol de emperador. Aprendió a pensar en el bienestar colectivo, a velar por el bien de la comunidad antes que el propio. No obstante, su interés por mejorar la vida de sus conciudadanos no surgía solo por su rol político, nacía de algo más sencillo y profundo: el hecho de que, al igual que ellos, era un ser humano.

Negarse a ayudar es ir contra nuestra naturaleza humana.

Es difícil pensar en cómo cambiaría el mundo si esa fuera la premisa que guiara a los líderes actuales, incluidos aquellos que dirigen pequeñas organizaciones o incluso países. Para Marco Aurelio, ayudar a los demás era un deber que nacía de compartir todos la misma naturaleza. El simple hecho de vivir en sociedad exigía una actitud de compromiso mutuo: vivir involucrados unos con otros. Aunque su papel de emperador concretaba esta responsabilidad en acciones políticas, la raíz de su preocupación por el prójimo no dependía de su posición, sino de la condición humana misma.

En su visión, la preocupación por los demás era tan natural como la de una abeja por su colmena. De la misma manera que la abeja aporta al equilibrio de la comunidad, cada individuo debe velar por el bien común. Para Marco Aurelio, este vínculo es inquebrantable: la mejora personal ciertamente es un proyecto propio, pero no es un acto aislado, ya que lo que beneficia al individuo inevitablemente fortalece el tejido colectivo. Quien hace el bien, lo hace para todos.

Esto es evidente en muchas áreas de la vida. Todos hemos trabajado en equipo y sabemos que cuanto mejor preparados estén los integrantes, más fluido y exitoso será el proyecto. Esto aplica tanto para equipos deportivos como para bandas de música o incluso familias: el compromiso y la preparación de cada miembro mejoran los resultados colectivos.

Por otro lado, lo que afecta negativamente a la comunidad también afecta al individuo. Para él, alguien que actúa contra el bien común —como quien roba o miente— no solo daña a los demás, sino también

«¿HE HECHO ALGO ÚTIL PARA LA COMUNIDAD? ENTONCES YO TAMBIÉN ME HE BENEFICIADO. RECUERDA ESTO SIEMPRE EN TODO LUGAR».

a sí mismo. Si la comunidad se debilita, ninguno de los miembros puede esperar permanecer inmune. Tal como sucede en la naturaleza, si la colonia se enferma, la abeja no quedará a salvo. Si una parte del micelio se pudre, todos los hongos asumen la pérdida de recursos y estabilidad que esto conlleva.

Podemos ver ejemplos cotidianos: un conductor imprudente no solo pone en peligro su propia vida, sino también la de quienes lo rodean. De igual modo, un equipo de futbol con un jugador excepcional puede fácilmente perder un partido poco desafiante si el resto del equipo no juega bien.

Para Marco Aurelio, tanto aceptar como ofrecer ayuda no es vergonzoso ni humillante, sino algo natural. Rechazar el apoyo, por orgullo o vergüenza, no solo nos perjudica, sino que afecta a toda la comunidad. Un bailarín que no sigue el ritmo y se niega a recibir la orientación de sus compañeros perjudica al grupo entero.

Ayudar, para él, no es un acto de caridad ni empatía, sino un deber. No depende de si queremos a la persona que necesita la ayuda; incluso si sentimos rechazo hacia ella, debemos tender la mano. Negarse a ayudar es ir contra nuestra naturaleza humana.

Para el emperador, los seres humanos somos sociales por naturaleza. Vivir en comunidad es tan esencial como cuidar nuestro propio cuerpo. Ignorar las necesidades del colectivo sería tan absurdo como descuidar una herida en nosotros mismos.

La filosofía de mejora personal de Marco Aurelio se revela como un proyecto colectivo. Mejorarnos a nosotros mismos contribuye al bienestar de la comunidad, y el bienestar de la comunidad a su vez nos beneficia. Así pues, nuestras acciones siempre impactan la red de conexiones que sostiene nuestra sociedad.

Sin embargo, para él ayudar no debe ser una acción motivada por el interés propio ni por el deseo de reconocimiento. Hacer el bien no debe ser un medio para ganar prestigio o mejorar nuestra reputación. Debe ser una reacción natural, una costumbre arraigada, como el instinto de la abeja de producir miel.

Llegar a este punto es difícil, sobre todo cuando se nos exige aplicar esta actitud a todas las personas, no solo a nuestros allegados. Esta gran hermandad, como veía Marco Aurelio a la humanidad, unida por la capacidad de razonar, no garantiza que uno sienta esa conexión emocional con todos los seres humanos. Es innegable que nos vamos a sentir más cercanos a nuestros amigos y familiares que a completos desconocidos. El ideal estoico es expandir ese círculo, poco a poco, hasta abarcar a toda la humanidad, aprendiendo a ver a cada persona como un hermano.

Hoy en día, somos más conscientes de las conexiones —políticas, económicas, culturales— que nos interrelacionan, aunque a menudo esos vínculos se sienten más como una trampa que como una red de apoyo. Los problemas derivados de nuestra interconexión global son cada vez más complejos. Participar en la economía o la cultura global puede tener consecuencias que ignoramos, como al comprar un producto que tal vez contribuye a la explotación laboral a miles de kilómetros de distancia. Incluso comer en una cadena de restaurantes podría implicar, sin saberlo, el perjuicio o explotación de comunidades lejanas. Estos dilemas pueden hacernos sentir que la filosofía de Marco Aurelio no es suficiente para abordar la complejidad del mundo actual.

No obstante, su sabiduría sigue siendo relevante. Él no nos responsabiliza de todos los males del mundo, sino que nos insta a ser conscientes de lo que está bajo nuestro control y recordar que, para bien o para mal, todos estamos conectados; que estamos juntos en esto y dependemos unos de otros en todos los aspectos. Somos una comunidad interconectada, como un micelio o una colonia de hormigas. En todos los aspectos imaginables nos necesitamos mutuamente, y esto es algo que no podemos darnos el lujo de olvidar, especialmente hoy en día.

Marco Aurelio nos recuerda que nuestras vidas están profundamente interconectadas con las de muchos otros y que es nuestra responsabilidad velar por el bienestar común. Desde nuestras necesidades más básicas hasta el arte que disfrutamos, todo lo hacemos en comunidad. ¿Acaso sembramos todos la misma comida que consumimos? ¿Escribimos nuestras novelas favoritas o componemos todas las canciones que nos conmueven? ¿Llegaste a este mundo solo o fuiste recibido en los brazos de alguien apenas respiraste por primera vez?

El verdadero legado de Marco Aurelio trasciende su posición de poder. Nos recuerda que la humanidad se sostiene en los lazos que nos unen, y que la naturaleza humana es, en esencia, un acto de comunidad.

«NADIE SE CANSA DE RECIBIR FAVORES. EL FAVOR ES UNA ACCIÓN ACORDE CON LA NATURALEZA; NO TE CANSES, PUES, DE RECIBIRLOS SIEMPRE QUE TÚ TAMBIÉN LOS HAGAS».

«TODO ES EFÍMERO: LO QUE RECUERDA Y LO RECORDADO».

EL VALOR DE LA INTENCIÓN

LECCIÓN 15

De todos los filósofos antiguos —estoicos o no—, Marco Aurelio es hoy quien goza del mayor renombre y ejerce la mayor influencia. Aunque otros pensadores de la misma escuela, como Séneca y Epicteto, siguen siendo conocidos y leídos tanto en círculos académicos como fuera de ellos, es el pensamiento del emperador de Roma el que ha dejado la huella más profunda. Lo irónico es que Marco Aurelio no se preocupaba demasiado por el legado que dejaría o, al menos, trataba de no hacerlo.

Sus *Meditaciones* están llenas de recordatorios que se dejaba a sí mismo, motivándose a no interesarse ni por la fama ni por la gloria. Para él, buscar renombre no era un objetivo digno. Considerando que era el líder del imperio más grande y poderoso de su época, esto puede parecer contradictorio. Alguien en su posición no tenía que preocuparse por alcanzar la gloria o temer ser olvidado, su fama estaba prácticamente garantizada. Ser emperador de Roma le aseguraba que su nombre sería recordado por siglos.

Sin embargo, Marco Aurelio comprendía que la gloria es efímera. Ni siquiera haber sido el hombre más poderoso del mundo podía cambiar lo volátil de la fama. La celebridad es inconstante: quienes son admirados un día pueden ser olvidados al siguiente. Hoy en día, esto es más evidente que nunca; celebridades que en su momento dictaban tendencias son rápidamente reemplazadas y sus nombres se convierten en recuerdos lejanos. Figuras influyentes —políticos, filántropos, artistas— que alguna vez moldearon el mundo pueden acabar como una simple nota al pie en la historia.

Para el emperador, perseguir la gloria era como tratar de atrapar una ilusión: se desvanece antes de que puedas retenerla. Además, la fama no solo es pasajera, sino que está fuera de nuestro control. Uno puede ser la persona más admirable, pero la opinión de los demás no depende de nosotros. Nuestro renombre está en manos de extraños y por más que nos esforcemos, nunca podremos decidir lo que piensan de nosotros.

Esta verdad puede ser difícil de aceptar, sobre todo en nuestro entorno más inmediato. No necesitamos aspirar a ser recordados por la eternidad para preocuparnos por cómo nos perciben los demás. Todos nos esforzamos por causar buenas impresiones. La opinión ajena nos ayuda a construir nuestra identidad y autoestima. Nos agrada ser vistos como buenos hijos, amigos, compañeros o trabajadores.

Sin embargo, por mucho que actuemos correctamente, no hay garantías de que nuestros esfuerzos serán reconocidos. Un hijo abnegado puede no recibir un elogio o un trabajador diligente puede pasar desapercibido en su evaluación. Por eso, Marco Aurelio consideraba esencial aprender a valorar nuestros propios esfuerzos. Aunque es agradable recibir reconocimiento, no podemos depender de ello.

El emperador pensaba que tanto la fama como la opinión de los demás eran volubles y, en última instancia, incontrolables. Sabía que cualquier renombre que logremos depende de quienes nos recuerdan, pero esas personas también desaparecerán, llevándose nuestro recuerdo con ellas. Nuestra fama dura lo que dura la memoria de quienes nos sobreviven, pero, en la inmensidad del tiempo, esto es apenas un suspiro.

Incontables genios musicales, artistas revolucionarios, escritores sensibles, deportistas extraordinarios y políticos influyentes que alguna vez fueron famosos hoy han desaparecido del recuerdo colectivo. Por cada nombre que sobrevive el paso del tiempo, miles más son olvidados. Incluso quienes logran dejar su huella en el mundo verán cómo se desvanece con el tiempo.

Si Marco Aurelio estaba tan seguro de que la gloria no tenía valor, ¿por qué necesitaba recordárselo constantemente en sus *Meditaciones*? Este diario filosófico era su herramienta para mantenerse fiel a los principios estoicos, recordando las lecciones clave para vivir bien. Claramente, despojarse de las aspiraciones de gloria no era algo sencillo para él si debía insistir tanto en ello.

Esto no es sorprendente. Al fin y al cabo, él tenía ante sí una larga tradición de emperadores que habían dejado su marca en la historia de Roma. Los cuatro emperadores anteriores habían presidido y asegurado la era dorada del Imperio romano, conocida como la *Pax Romana*. No es difícil imaginar a Marco Aurelio sintiendo la presión de continuar con ese legado. Además, inmerso en una cultura que elevaba a algunos emperadores al estatus de dioses, las preguntas «¿cómo seré recordado?» y «¿qué se dirá de mí?» debían rondar su mente con frecuencia.

Y no es necesario ser emperador para entender estas preocupaciones. La mayoría de nosotros, en algún momento, nos hemos preguntado qué marca dejaremos en el mundo, si es que dejaremos alguna. ¿Aportaremos algo valioso en el deporte, la ciencia o el arte? O, a menor escala —aunque igualmente importante—, ¿seremos recordados con cariño por quienes nos conocieron? ¿Qué historias contarán sobre nosotros cuando ya no estemos para escucharlas?

Nuestra fama dura lo que dura la memoria de quienes nos sobreviven.

Estas preguntas son profundamente humanas y Marco Aurelio no era inmune a ellas. No obstante, para él era crucial no permitir que estas inquietudes afectaran su forma de vivir el presente. Aunque se preocupaba por su legado, sabía muy bien que no podía dejar que eso influyera en su objetivo: convertirse en una buena persona.

De hecho, preocuparse demasiado por el legado puede ser un obstáculo en el camino. Para los estoicos, quien hace el bien solo por querer prestigio no está actuando de manera virtuosa. La intención detrás de nuestras acciones es más importante que los resultados e incluso más importante que si la acción llega a concretarse o no.

Los estoicos sostenían que solo lo que está bajo nuestro control puede evaluarse moralmente. Como nuestras acciones pueden ser interrumpidas por factores externos, lo único que controlamos realmente es nuestra intención. Para Marco Aurelio, las intenciones son lo que le confiere valor moral a nuestras acciones.

Por ejemplo, si uno tiene la intención de ayudar a un niño que está siendo molestado en el recreo, pero algo impide que esa ayuda se concrete —quizás porque una profesora interviene o el mismo niño se defiende—, para los estoicos la buena acción ya se ha completado, porque la intención estuvo presente y esta, según ellos, es una acción que se completa en cuanto se origina.

Por eso, Marco Aurelio pensaba que era fundamental no dejar que los deseos de gloria o la preocupación por su legado corrompieran sus intenciones al actuar. Cuando nos enfocamos más en el resultado que en la intención, perdemos de vista lo que realmente importa.

Este principio se aplica también a otros aspectos de la vida. A menudo dejamos de disfrutar de actividades que nos traían alegría porque nos obsesionamos con mejorar los resultados. Un pasatiempo puede volverse una obligación si nos centramos en exceso en el progreso. Pintar, por ejemplo, deja de ser placentero cuando nos frustramos porque el cuadro no sale como esperábamos. Un partido amistoso de futbol se convierte en un estricto entrenamiento si nos obsesiona ganar.

Aunque no tiene nada de malo querer mejorar, es fácil perder de vista la intención original con la que empezamos a hacer algo. Por eso, la distinción que Marco Aurelio hace entre intención y acción es una valiosa enseñanza. Nos recuerda que debemos centrarnos en lo que nos motiva, no solo en los resultados.

Además, el emperador se recordaba que lo bueno y bello no necesita ser elogiado para ser tal. Un atardecer lleno de color o una piedra preciosa no pierden su belleza solo porque nadie los vea y, de la misma manera, una vida virtuosa no pierde su valor si nadie la reconoce. No necesitamos la aprobación ajena para sentir orgullo o satisfacción por lo que hemos logrado.

Esta perspectiva es liberadora. Parte del motivo por el que valoramos tanto los resultados es porque son lo que otros pueden ver y elogiar. Cuando admiramos un cuadro o un gol impresionante, solo vemos ese momento, pero no las horas de trabajo que hay detrás. Sin embargo, Marco Aurelio decía que es precisamente en ese esfuerzo donde debemos concentrarnos.

Eso no significa que no disfrutemos del reconocimiento. Es natural y humano querer que nuestros logros sean notados. Cuando hacemos algo bien —ya sea ganar una competencia, superar un examen o ser amables— tendemos a esperar que se reconozcan nuestros esfuerzos.

Un punto clave que Marco Aurelio destaca es pensar acerca de quién estamos buscando la aprobación. Dejando de lado que no podemos controlar la opinión de los demás, no todas las opiniones tienen el mismo valor. Antes de buscar admiración, es útil preguntarnos si las personas de quienes buscamos elogios son realmente ejemplos a seguir. ¿Son personas cuyas opiniones valoramos? ¿Estamos buscando la aprobación de alguien que no consideramos un buen referente?

Las reflexiones de Marco Aurelio sobre la fama y el legado nos enseñan a vivir sin estar esclavizados por la opinión ajena. Cuestionarnos por qué y de quién buscamos aprobación es un ejercicio útil que ayuda a poner en perspectiva ese deseo de reconocimiento. Irónicamente, a pesar de todas sus advertencias sobre la fama, el emperador logró un legado que ha perdurado más de dos milenios y que muy probablemente vivirá mucho más.

«¿ALGUIEN ME DESPRECIARÁ? ES ASUNTO SUYO. EL MÍO ES NO HACER NI DECIR NUNCA NADA QUE JUSTIFIQUE EL DESPRECIO. ¿ME ODIARÁ? ES ASUNTO SUYO. YO SERÉ AMABLE Y BONDADOSO CON TODOS».

02

CRONOLOGÍA

348 a. C.

Muere Platón.

***ca.* 300 a. C.**

Zenón de Citio funda la escuela estoica y la dirige hasta el 262 a. C. Lo suceden en la dirección Cleantes de Aso (*ca.* 262-230 a. C.) y Crisipo de Solo (*ca.* 230-207 a. C.).

86 a. C.

Sila conquista Atenas y las escuelas filosóficas cierran.

ca. 124

Muere el padre de Marco Aurelio y este queda bajo la protección y cuidado de su abuelo, Marco Annio Vero.

121

Nace en Roma Marco Aurelio Antonino, mejor conocido como Marco Aurelio.

ca. 4 a. C.

Nace Séneca el Joven, filósofo estoico que vivió hasta el 65 d. C.

ca. 50

Nace Epicteto, filósofo estoico y gran influencia de Marco Aurelio.

138

Muere Lucio Elio César, el heredero del emperador Adriano. Para asegurar su sucesión, Adriano adopta a Antonino Pío, el tío de Marco Aurelio, que a su vez adopta a Marco Aurelio y Lucio Vero, el hijo de Elio César.

140

Antonino designa a Marco Aurelio su cocónsul y le otorga el título de César.

135

Muere Epicteto.

10 DE JULIO: muere Adriano. Antonino Pío se vuelve emperador de Roma.

145

Marco Aurelio se casa con Faustina, la hija de Antonino. Tienen trece hijos, de los cuales solo sobrevivieron seis, entre ellos, Cómodo, quien sería emperador de Roma.

161

7 DE MARZO: muere Antonino. Marco Aurelio se convierte en emperador de Roma e inmediatamente le confiere los mismos poderes a su hermano adoptivo, Lucio Vero.

Se desbordó el Tíber, el río más importante de Roma. Este desastre natural causa la destrucción de edificios, la pérdida de cultivos y desencadena un brote de malaria.

Un terremoto sacudió Cícico afectando la economía del imperio.

El Imperio parto invade las fronteras romanas, reanudando el conflicto entre los dos imperios por primera vez en cuarenta años.

162

Lucio Vero dejó Roma para asumir el comando de la campaña militar contra el Imperio parto.

166

Una gran victoria romana termina el conflicto con el Imperio parto. Al regresar a Roma, sin embargo, los soldados romanos traen consigo una epidemia de peste.

***ca.* 166-167**

Los marcomanos y los cuados, ambos pueblos germanos, atacan las fronteras romanas de la región del Danubio.

168

Marco Aurelio deja Roma por primera vez para visitar el campamento militar romano en Aquilea y subir la moral de las tropas que batallaban contra los pueblos germanos.

169

Lucio Vero sufre de una apoplejía mientras monta un carruaje junto con Marco Aurelio y muere tres días después.

Los cuados firman un tratado de paz con Roma, dejando solos a los marcomanos en el conflicto contra el Imperio romano.

171

Después de una decisiva victoria romana, los marcomanos acceden a una tregua.

172

Marco Aurelio invade el territorio de los marcomanos y se negocia la paz.

173

Los cuados renuevan sus ataques contra Roma, esta vez junto con los yagicios, un pueblo vecino. Marco Aurelio lidera el contraataque y destruye a las fuerzas enemigas.

175

Avidio Casio, un general romano, se declara emperador, citando como justificación la supuesta muerte de Marco Aurelio y el hecho de que su hijo, Cómodo, era todavía muy joven para gobernar.

Avidio Casio es declarado enemigo público de Roma y poco después es asesinado por un centurión, poniéndole fin a la rebelión.

Muere Faustina, esposa de Marco Aurelio.

Marco Aurelio pasa el invierno en Alejandría, en el Egipto romano.

Se logra establecer la paz en la región del Danubio.

176

Marco Aurelio y Cómodo son iniciados en los misterios eleusinos en Grecia. A fin de año, el primero regresa por fin a Roma.

Marco Aurelio vuelve a abrir las escuelas filosóficas y les otorga cátedras universitarias a las cuatro principales: la Academia platónica, los Peripatéticos aristotélicos, el Epicureísmo y el Estoicismo.

177

Le otorga el cargo de cónsul a Cómodo y lo nombra oficialmente su sucesor.

Marco Aurelio sufre una grave enfermedad, pero eventualmente se recupera.

178

Marco Aurelio se ve forzado a regresar otra vez a la región del Danubio, pues los cuados y marcomanos iniciaron una nueva rebelión.

180

17 DE MARZO: muere Marco Aurelio tras contraer viruela.

FUENTES

Habermas, J. (2003). *The future of Human Nature*. Cambridge: Polity Press.

Hadot, P. (1998). *The Inner Citadel. The Meditations of Marcus Aurelius*. Cambridge: Harvard University Press.

Herodiano. trad. Juan J. Torres Esbarranch. (1985). *Historia del Imperio romano después de Marco Aurelio*. Madrid: Gredos.

Inwood, B. (2018). *Stoicism: A very short introduction*. Oxford: Oxford University Press.

Lear, J. (2005). *Freud*. Londres: Routledge.

McLynn, F. (2010). *Marcus Aurelius*. Cambridge: Da Capo Press.

Marco Aurelio. (1977). *Meditaciones*. Madrid: Gredos.

Marco Aurelio. (2022). *Meditaciones*. Barcelona: Ariel.

Nussbaum, M. C. (2021). *La terapia del deseo*. Barcelona: Paidós.